forever the Imperial family of NIPPON

「皇族の確保」急務所見

京都産業大学名誉教授（法学博士）
所

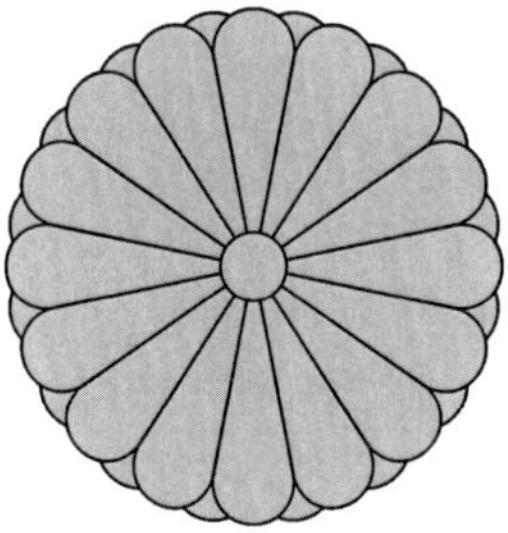

上掲の菊紋は、皇室の「十六葉八重表菊形」（菊花紋章）に基づいて、日本国を象徴する「国章」とされ、大正９年（1920）以来「日本国旅券」（パスポート）のデザインなどに用いられている。

これは中核の花蘂にあたる天皇（皇室）と、それを取り巻く多数の花弁にあたる全国民が一体となり、「相互の信頼と敬愛」を基本に成り立っている日本の国柄を表わすもの、と解することができると思われる。

目　次　（頁）

まえがき―皇室の永続に「皇族の確保」は不可欠―　（4）
〔一〕皇室の在り方を改める「特例法」管見　（6）
〔二〕新しい「皇族女子宮家」の在り方　（10）
〔三〕皇女の敏宮は宮家当主、和宮は将軍正室　（14）
〔四〕新設宮家も現存宮家と同一要件で　（21）
〔五〕典範の改正に必要な皇室のご意向確認　（25）
〔六〕渡邉允元侍従長の伝えた皇室のご意向／付　文庫「後書き」　（28）
〔七〕「皇室会議」の現行規定と改正への提案　（33）
〔八〕著名な皇統男系論者への疑問　（37）
〔九〕政府案による近未来の皇室像への不安　（40）
〔十〕「ご譲位」実現の画期的な意義の再確認　（43）
〔十一〕「万世一系」の天皇は「皇統に属する皇族」から　（45）
〔十二〕不可解な「皇室の祀り主は男系男子」論　（48）
〔十三〕宮中と神宮・勅祭社の祭祀担当者たち　（54）

〔十四〕「皇族数の確保」政府案の必要性と法形式　(58)
〔十五〕国会「与野党協議」初会合の或る報道寸評　(63)
〔十六〕「協議先送り」に切実な反省と真剣な努力　(66)
〔十七〕ある中世史家の曖昧な「象徴天皇」論再考　(70)
〔十八〕天皇・皇族の行幸啓と公務の分担　(73)
〔十九〕皇位継承者の要件は「皇統に属する皇族」のみ　(76)
〔二十〕天皇主催・成年皇族参列による「園遊会」の在り方　(79)
〔二十一〕皇室典範特例法「附帯決議」有識者ヒアリング公述所見　(82)
あとがき―既刊拙著との関連―　(117)
〔付Ⅰ〕参考資料　(122〜160)　1『伝統と革新』三五号／2『神社新報』令和2年12月7日付／3『東京新聞』同年5月24日朝刊／4『表現者　クライテリオン』一〇一号／5『読売新聞』令和6年3月7日朝刊／6「AERAドットコム」同年8月3日抄
〈追記〉皇族と国民の心がけ　(161)
〔付Ⅱ〕人名索引〈付Ⅰ六篇を除く〉　(164)

まえがき―皇室の永続に「皇族の確保」は不可欠―

天皇陛下を中心に「内廷」と「宮家」から成る皇室は、これまでの在り方を徐々に改めなければ、永続することが困難な現況にある。そのため、先般来ようやく政府（岸田文雄内閣）も「皇族数の確保」方策案を国会に提示した。

それが今年＝令和六年（二〇二四）に入って国会両院の与野党各会派で協議され、合意を目指している。そこで、皇室の永続を願う私は、関係情報に即応して当面必要な管見を懸命に書き連ね、ホームページに発表してきた。しかしながら、協議は容易に纏まらず、秋以降に持ち越されることになるという。

現行憲法すら「皇位は世襲」と明記しており、皇室は天皇と皇族が実在されなければ機能できない。従って、その方々を確保することは、憲法上も不可欠の重要な命題である。

それゆえ、今後の議論が歴史と現実を正確に直視して、より良い法改正への道を拓くため、少しでも役立つことを念じて、とり急ぎ本書を自費で出版することにした。

本書のA〔一〕〜〔二十〕は http://tokoroisao.jp に掲載したもの、またB〔二十一〕は『産大法学』五八巻二号に掲載されたもの、さらにC〔付〕は誌紙の関連小文である。

このうち、Aなどの手書き原稿は橋本秀雄（日本教師会事務局長）と野木邦夫（日本学協会研究員）の両氏に入力を頼み、またBの校正には久禮旦雄氏（京都産業大学准教授）から協力をえた。あわせて感謝申し上げたい。

なお、本テーマに関連する既刊拙著の要目は、「あとがき」に抄出した。また、研究ノートとして『「皇室経済法」の成立史と問題点』（『産大法学』五六巻一号〈令和四年四月〉）があり、ネット（学術リポジトリ）に公開されている。

さらに、講演記録として、公益社団法人「國民會館」（武藤治太会長）の國民會館叢書92『日本国憲法「天皇」の再検討』（平成二十五年十一月）と102『令和日本の皇室制度を建て直す』（令和四年五月）がある。この叢書は、全国の主要な図書館に寄贈されているので、関心のある方はご一覧いただけたらありがたい。

〔一〕皇族の在り方を改める「特例法」管見

変の至るや知るべからず

小田原で太平洋の水平線上に初日の出を拝み、平穏に明けた元日の夕方、「令和六年能登半島地震」突発の報に驚嘆した。被災された方々のために直接できることはないが、ささやかな義捐をさせて頂いた。

その際に想い出したのは、かつて学んだ吉田松陰の『武教全書講録』の一節である。

「行住座臥（日常の生活で）暫くも放心（油断）せば、則ち変（非常事態）に臨みて常（平常心）を失ふ。……変の至るや知るべからずと云ふは……最も謹厳（重要）な語なり。」

何事であれ、平生から心懸けて万一に備えておかなければならない、と正月早々あらためて気付かされたのである。

世襲天皇と成年皇族の役割

これは皇室の問題についても例外ではない。敗戦後GHQの占領下で作られた「日本国憲法」にすら、第一章に「天皇」を特設して、「天皇は日本国の象徴（いわば元首）であり、日本国民統合の象徴（まさに君主）」と位置づけるのみならず、「皇位は世襲」と明示し、国民のために為すべき「国事に関する行為」を具体的に列挙している。

その上、昭和・平成の天皇も今上陛下も、憲法の定める「国事行為」だけでなく、多種多様な「公的行為」も伝統的な「祭祀行為」も、誠心誠意お務めになって来られた。そのおかげで、政治や経済などが混迷しても、ほとんどの国民は、天皇（皇室）を心の拠り所として安心を保ちえたのではなかろうか。

このような「公的行為」「祭祀行為」は、もちろん天皇が中心に行われる。ただ、そこに皇后や成年の男女皇族も参列され、公務を分担されることが多々ある。それゆえ、皇室が十全の役割を果たされるには、皇位を世襲される天皇を中核として、内廷と各宮家の成年皇族が、相当（せめて二十名以上）実在されてこそ可能になる。

皇族の増減を可能にする工夫

現行の「皇室典範」は、憲法の第二条に基づき「国会の議決」により定められた法律である。それゆえ、象徴世襲天皇制度を維持するためには、もし典範の規定で現実的に対応困難な部分が見出されたら、国会で議論し合意を形成して改正すればよい。

ただ、典範は特別な法律であるから、他の法令のごとく簡単に改正できない、と思い込まれてきた。ところが、皇室においても高齢化・少子化の進行を憂慮された平成の天皇が、典範に規定のない「譲位」（退位）の意向を慎重に表明されると、政府も国会も真剣に検討して、典範の本文は変更せず、「特例法」を作り「高齢退位」を可能にした。

従って、皇族の減少が著しい現在、それを早急に喰い止め、将来的に段々と増加するような方策を実現しようとすれば、典範の本文は据え置き、再び「特例法」で対応することが穏当だろうと思われる。

この点、明治以来の旧典範（勅定の根本法）すら、律令法（継嗣令）と異なる永世皇族制を採用して宮家皇族が急増すると、典範の本文には手をつけず、臣籍降下を促す「増補」や五世以降を順次臣下とする「準則」を定めるような工夫をしている。

現在、それとは逆に皇族が過少になっているのであるから、一方で皇族女子が結婚後も皇族として宮家を立てられるようにすることも、他方で旧宮家の男子孫が現宮家へ養子として入り皇族となれるようにすることも、法的に可能であり現に必要な措置だと思われる。

いわゆる女性宮家の夫と子孫の身分

ただ、この両案には若干の問題が含まれている。その一つは、皇族女子を当主とする宮家を立てる場合、結婚して皇室に入る一般男性を皇族とするか否かである。先般の有識者会議「報告書」では、皇族としない含みが盛り込まれている。

しかし、新宮家の中で、当主のみ皇族身分になり、同居の夫（婿）は一般の身分のまま、というは不自然であり、不適切といわざるをえない。その男性は、皇族の一員として妻君と共に公務に出られ、良識ある言動をされるであろうが、一般身分のままであれば、法的に「国民の権利」を行使できる自由があり、それを巧みに利用するような関係者が出てこないとは限らない。

従って、その伴侶は皇族の身分とすべきであり、皇族としての「品位の保持」に努め、公務に精励しなければならない。また、その間に生まれる子女も皇族となり、宮家を相続することとならできるが、皇位の継承は原則的にできない（将来万々一の場合は再検討する）、ということを明文化しておけば、男系男子の継承を強調する人々にも理解がえられるであろう。

もう一つの問題は、旧宮家の男子孫を養子として皇族にすることが法的に可能だとしても、それにふさわしい人が得られるのかどうか。また、その養子先となる現宮家の方々に諒解が得られるのかどうか、具体化は容易でないと思われる。しかし、それは養子推進論者たちが知恵を絞って何とかされることを見守るほかない。

（令和六年正月六日稿）

〔二〕新しい「皇族女子宮家」の在り方

現行『皇室典範』の問題点を検討して改善しようとする努力は、平成十七年（二〇〇五）以来、何度も行われてきたが、今なお具体的な法改正に至っていない。それには様々な事情があるとしても、このまま放置すれば、益々困難な事態に陥る恐れがある。

そこで、令和二年（二〇二〇）十二月、政府の「有識者会議」が纏めた「報告書」（翌年一月国会提出）に基づき、三つの方策中、①に含まれる疑問を指摘すると共に、私なりの修正案を略述し、博雅のご理解を賜りたい。

「有識者会議」の報告案

その①とは、「皇族数確保の具体的方策」として掲げる「内親王・女王が婚姻後も皇族の身分を保持することとする」という案である。それは、現行典範の第十二条に、

皇族女子（皇室で生まれ育った女子）は、天皇及び皇族以外の者（一般国民の男性）と婚姻したときは、皇族の身分を離れる。

という規定を改めることになる。ただ、皇位継承資格を「皇統に属する男系の男子」のみに限定する典範の第一条を絶対視する論者などへの配慮からであろうか、「皇族女子」と

その子孫が「女性・女系天皇」とならないようにするため、その「配偶者（夫）と子（男女とも）は、皇族という特別の身分を有せず、一般国民としての権利・義務を保持し続けるものとする」という考えを提示している。

宮家皇族と一般国民の違い

しかしながら、このような考えは、不自然であり不適切といわざるをえない。現行の憲法でも皇室関係法でも、周知のとおり、天皇・皇族と一般国民とは明確に区別されているからである。

念のため申せば、まず（イ）天皇と後継者の地位（皇位）は「世襲」と定められている。また（ロ）天皇は国家・国民統合の「象徴」としての行為（公務）を果たさなければならず、万一それが不可能に近くなれば、他の成年皇族（男女とも）は、「摂政」の任務を引き受けなければならない。さらに（ハ）内廷（本家）だけでなく宮家（分家）の皇族も、男女を問わず「品位保持」に努めなければならない。

それに対して、一般国民は法的に（イ）（ロ）（ハ）のような義務も権利も有しない。その反面、「公共の福祉に反しない限り」広汎な自由を認められている。従って、もしも皇族女子の夫と子に「一般国民としての権利・義務を保持し続ける」とすれば、世俗的な政治家・経済人・宗教家・芸能人などになること（そのような関係者に利用されること）を阻むことは出来ないであろう。

「皇族女子宮家」も家族一体に

ところで、前掲のごとく「皇族女子」が結婚後も皇族として宮家を立てることは認めるが、その夫も子も皇族になることを認めない、という考えを支持する論者の多くは、現行の『民法』を改めて「選択的夫婦別姓制度」を導入すれば、「一つの戸籍の中に二つの姓（氏）が存在することになり、家族に共通の姓・家族名がなくなる」「夫婦が別姓ならば子も父か母のどちらかと別姓になり、家族単位の一体性が崩れて個人単位になる」のだから反対するという。この点は、私もほぼ同意見である。

そうであるならば、皇室には一般国民のような氏（姓）がない（結婚して皇室に入れば氏がなくなる）けれども、内廷であれ宮家であれ、その構成員は一体であることが自然であり当然であろう。

今や皇族身分の方が極めて少ないから、その数が減らないように、少しでも増えるようにすることが「先延ばしすることのできない課題」である。もし新しく皇族女子を当主とする宮家が可能になれば、その夫も皇族となり、ご一緒に皇族としての公務に励んでもらわなければならない。

ただ、一般男性から婚姻により皇族となる方は、皇位継承の資格を有しない。けれども、その「皇族女子宮家」で生まれた子（皇族）に継承資格を認めるかどうかは、現段階で明文化せずに、次世代の状況次第で、必要性が少なければ認めないが、必要性が高くなれば認めると決めておくことが現実的であろう。

「皇族女子宮家」が的確

なお、従来安易に「女性宮家」といってきたが、今後は「皇族女子宮家」と称するほうが的確だと考える。単に「女性皇族」といえば、婚姻により后妃となる女性も含むが、新しく宮家を立てるのは、皇室に生まれ育った「皇族女子」（内親王・女王）に限られるからである。

（令和六年（二〇二四）二月四日（立春）記）

〔三〕皇女の敏宮は宮家当主、和宮は将軍正室

「皇女」とは天皇の息女のみを指し、「皇子」と共に天皇から称号（宮号）を賜る。独立した宮家の息女は、内親王であるが皇女ではなく称号もない。

それは、天皇に血縁の最も近い皇子・皇女が、他の皇族よりも重い存在であり、相応の役割を期待されてきたからだと思われる。

では、古来の皇女たちは、どのような人生を歩み、どんな働きをされたのだろうか。その具体例として、今回は幕末前後に数奇な運命を辿った皇女二方について略述しよう。

仁孝天皇の五皇子と十皇女

第一二〇代仁孝天皇（一八〇〇～四六）には、皇子五方、皇女十方があった。ただ、中宮（皇后）鷹司繁子（一七五八～一八二三）との間に生まれた皇子一方・皇女一方は、共に二歳で他界し、母后も亡くなっている。

それから間もなく、繁子同母妹祺子（一八一一～四七）が入内して女御となり、生まれた皇女一方も、翌年他界している。

一方、当時容認されていた側室（掌侍）との間に生まれた皇子女をみると、まず正親町

雅子（一八一一～四七）との間に、皇子三方と皇女一方が生まれた。しかしながら、無事に成長して皇位を継がれたのは、第四皇子の熙宮統仁《ひろのみやおさひと》親王（孝明天皇一八三一～六六）のみである。

また甘露寺妍子（一八〇六～五一）との間に、皇子一方と皇女四方が生まれた。しかし、無事に成育されたのは、敏宮淑子内親王（後述）のみである。

さらに橋本経子（一八二六～六五）との間に、皇子一方と皇女一方が生まれた。しかし、無事生育されたのは、和宮親子内親王（後述）のみである。

なお、掌侍の今城婧子（一八〇九～七五）との間の皇子一方も、二歳で他界している。

つまり、仁孝天皇には正后と数名の側室があり、十五方の皇子・皇女を儲けられた。けれども、何とか生き残られたのは一皇子と二皇女のみである。

敏宮淑子内親王は桂宮家の当主に

そのうちの敏宮淑子《ときのみやすみこ》内親王は、文政十二年（一八二九）一月、閑院宮家三代の愛仁《なるひと》親王（一八一八～一八四三）と婚約したが、二年後、親王（二十五歳）の薨去により婚約を解消している。

その閑院宮家より創立の古い桂宮家は、なかなか直系男子に恵まれなかった。すでに第三代の穏仁親王は後水尾天皇の皇子、第四代の尚仁親王と第五代の長仁親王は共に後西天皇の皇子、第六代の文仁親王は霊元天皇の皇子が、それぞれ養子に入っている。

ついで第七代の家仁親王と第八代の公仁親王は、前代の王子であるが、第九代盛仁親王は光格天皇の皇子であり、第十代の節仁親王は仁孝天皇の皇子が、それぞれ養子として桂宮家に入った。その上、盛仁親王は、前代の薨後に同妃源寿子が二十年近く家主として預かっていた桂宮家を、文化八年（一八一一）に、二歳で継いだ。けれども十日後に亡くなり、再び無主となっている。

そこで、二十四年後の天保元年（一八三五）、節仁親王が数え三歳で第十代を継いだ。けれども、翌年他界して三たび無主となった。しかし当時、仁孝天皇（三十七歳）のもとには皇太子統仁親王（八歳）以外に皇子がなく、桂宮家は断絶の危機に瀕していた。側室だけでなく養子まで容認されていても、男系男子のみで継いでいくことは難しかったのである。

それから十年後（一八四六）、仁孝天皇の崩御により孝明天皇（十八歳）が即位され、八年後（一八五二）祐宮睦仁親王（明治天皇）が健やかに誕生された。けれども、宮家に養子を出すような余地はない。

折しも、その二年後（一八五四）、京都御所などの焼失により、淑子内親王は居所を転々とし、文久元年（一八六一）無主の桂宮家を仮の居所とした。すると、桂宮邸の諸大夫が、内親王に桂宮家を相続して頂きたいと再三懇請した。それが文久二年（一八六二）勅許され、淑子内親王（三十五歳）は皇女として桂宮家第十一代当主になった。それに伴って、幕府から御道具料五百石が進献され、慶応二年（一八六六）一品で准三宮となり「桂准后宮」と敬称されている。

ただ、このような皇女の当主は前例がなく、他宮家から相応しい王を婿に迎えることは難しかったにちがいない。そのため、明治十四年（一八八一）、独身の淑子内親王（五十三歳）が京都で薨去されると共に、三百年近い桂宮家は終止符を打つに至ったのである。

和宮親子内親王は将軍家の正室に

もう一方の和宮親子《かずのみやちかこ》内親王は、異母姉の淑子内親王より十八歳若く、異母兄の統仁親王（孝明天皇）より十六歳若い。父帝（四十七歳）の崩御五ヶ月後の弘化三年（一八四六）閏五月に誕生している。

それから五年後の嘉永四年（一八五一）、兄帝の勧めにより、十二歳上の有栖川宮家第九代の熾仁《たるひと》親王（一八三五～九五）との婚約が内定された。しかし、まだ数え六歳であったから、ほぼ十年後の成婚に備え修養に努めている。

ところが、その間に徳川幕府は、二百年以上続けてきた鎖国から開国に踏み切らざるをえなくなり、「日米修好通商条約」の調印前に勅許を求めた。それに対して孝明天皇は、日本が欧米に侵略されないよう攘夷を強く主張されたが、幕府との協調で難局を切り抜けるために、公武一和（協調）の案を受容された。

そこで、安政六年（一八五九）幕府から摂政に公武一和を推進するため、和宮の将軍徳川家茂（一八四六～六六）への「降嫁」を申し入れた。

すると、それに反対の意向をもたれる孝明天皇も和宮親子内親王も、やむなく承諾せざるをえなくなった。そして文久元年（一八六一）十月、そのころ桂宮邸にいた和宮（十五歳）は、中山道を大行列で東行し、十二月に江戸城の本丸大奥へ入り、翌年二月、和宮を主人、将軍を客分とする形の婚礼が行われている。

しかし和宮は、徳川家に嫁入りした立場を自覚して、文久三年（一八六三）将軍家茂（十八歳）が上洛すると、社寺の御札に「百日詣で」を行った。ついで慶応二年（一八六六）家茂（二十一歳）が大坂城中で病死すると、和宮は夫に殉ずる意味をこめて落飾し、後継将軍を一橋慶喜とすることに賛意を伝えている。

しかも、間もなく兄帝（孝明天皇）の崩御によって御代が替わると、将軍慶喜は「大政奉還」に踏み切り、「戊辰戦争」が起きると、和宮に面会して恭順の意を示した。その和宮は、明治二年（一八六九）一旦帰京して父仁孝天皇の二十五回忌に参拝したが、同七年（一八七四）から東京に戻り、三年後（一八七七）九月、三十一歳で薨じている。

このように皇女和宮は、将軍家茂に降嫁すると、あくまで将軍家の「御台様」（正室）として様々な尽力を重ねた。それを通して幕末維新の和平に多大な貢献できたのである。

（令和六年（二〇二四）三月一日）

〈付記〉

戦後制定の現行「皇室典範」を見直す論議の過程で、平成二十四年（二〇一二）、政府（有識者会議）から、皇族女子が一般男性と婚姻して皇籍を離れても、「皇女」の称号を与えて、皇室の公務を分担してもらうとか、また令和三年（二〇二一）に至り、皇族女子は一般男性と婚姻しても皇籍に留まるが、その夫と子女に皇族の資格を認めない、というような試案が示された。

その際、なぜか「皇女和宮」を引き合いに出して、試案の裏付けにした論者が少なくない。しかし、和宮は古来の慣例どおり結婚後も「皇女」の尊称を保持したが、あくまで将軍に降嫁して徳川家のために働き続けたのであって、皇室の公務を担ったのではない。

それにも拘らず、現在懸案となっている案について、「有力保守系団体の関係者」は、「結婚後も皇族の肩書で公務をしていただくというだけで、幕末に皇族の身分を残したまま徳川十四代将軍に嫁いだ皇女和宮と同じです」と強弁しているという（『週刊エコノミスト』令和六年一月十六日号掲載の野口武則氏稿「東奔政走」所引）。

これは歴史を曲解した牽強付会といわざるをえない。

（令和六年三月十日）

〈参考資料〉

・宮内省編『仁孝天皇実録』第五（昭和十一年成稿、同十九年刊）（ゆまに書房複製本第3巻、平成十八年刊）

・宮内庁蔵版『孝明天皇紀』第五（平安神宮著作、吉川弘文館刊、昭和五十六年）

・宮内庁編『桂宮実録』（昭和五十九年成稿）（ゆまに書房影印本第七巻、平成二十九年刊）

〔四〕新設宮家も現存宮家と同一要件で

戦後の皇室制度は、新「日本国憲法」の原則に従う法律として定められた「皇室典範」（現典範）と「皇室経済法」（経済法）などに則っている。それは可能な限り維持しなければならないが、もし無理な規定で不都合を生じているなら、合理的な修正を加えるのが当然であろう。

そのうち「先延ばしできない重要な課題」の改革案として、政府の有識者会議から提示されている「皇族数確保の具体的方策」の一つは、「内親王・女王が婚姻後も皇族の身分を維持すること」である。

これに近い案は、私も二十年程前から提唱してきたから、大筋に賛意を表するが、一部に疑問を感じている。それは「(皇族女子の）配偶者とその子は皇族という特別の身分を有せず、一般国民としての権利・義務を保持し続けるものとすることが考えられる」と指摘している点である。

そこで、あらためて現存する皇族男子当主の宮家の在り方を確認すると共に、これから新設されることになる皇族女子当主の宮家の在り方を考察した。より的確で有効な「皇族数確保」を実現するため、理解と合意を形成する参考にしていただきたい。

現存する皇族男子当主の宮家

「宮家」というのは、天皇を当主とする「内廷」を「本家」と見なす場合の「分家」にあたる。その在り方（資格・役割）に関する主な規定は、左の通りである。

㋑現典範5条…「皇族」の範囲と区別は、「皇后・太皇太后・皇太后、親王・親王妃、内親王、王・王妃、及び女王」である。

㋺現典範6条…そのうち「嫡出（后妃から生まれた嫡子）の皇子（皇女を含む）及び嫡男系嫡出の皇孫（男・女とも）は、「男を親王、女を内親王とし、三世（天皇の曽孫）以下の……男を王、女を女王とする。」

㋩現典範15条…「皇族以外の者及びその子孫（一般国民）は、女子が皇后となる場合、及び皇族男子（親王・王）と婚姻する場合を除いては、皇族となることはない。」、つまり「婚姻する場合」のみ「皇族（皇后・親王妃・王妃）」となる。

㋥経済法6条「皇族費は、皇族としての品位保持の資に充てるために、年額により毎年支出するもの、……及び皇族（親王・王）が初めて独立の生計を営む（宮家を立てる）際に一時金額により支出するもの……とする。」

すなわち、現行法で宮家を立てることができるのは、㋑㋺嫡出の皇族男子として生まれた親王（天皇の男子と男孫）と王（天皇の曽孫以下）であり、㋩㋥その皇族男子の配偶者（后妃）は、一般国民出身者も皇族となるから、その間の子孫も皇族であり、宮家の全員で「皇族として品位保持」（公務分担も含む）に努める。しかも、現典範の１条・２条により、后妃は皇位継承の資格を有しないが、その男子孫は資格を有する。

新設される皇族女子当主の宮家

これが現存宮家の存立要件だとすれば、その当主を皇族男子に限定してきた従来の在り方に基づいて、皇族女子を当主とすることも可能にする今後の在り方は、原則として同一の要件を満たせるようにすべきだと思われる。

この点に関して、当主のみが皇族で、入夫も子女も国民の身分というような在り方は、不自然であり不適切といわざるをえない。もしも入夫と子女を「皇族という特別の身分」にしなければ、「皇族としての品位保持の資に充てるため」の「皇族費」は支給されない。それゆえ、宮家当主の公務を手伝っても、おそらく宮内庁（非常勤）職員並みの給与を受けることしかできない。それで足りなければ、利害の絡む民間の職場から「特別顧問」とか「名誉総裁」などの名目で収入を得ることになるかもしれない（それを法的に制約したり阻止することはできない)。しかしながら、そのような在り方が皇室(宮家)の一員としてふさわしいとは考え難い。

一般の家庭でも、オーソドックスに夫婦とその子女が同姓(同氏)であることをよしとするような立場の人々ならば、まして新設宮家では、皇族女子の当主と同様に、入夫も子女も同じく皇籍にあることが当然と考えてこそ、首尾一貫することになろう。

これから新設される皇族女子を当主とする宮家に入る配偶者は、一般国民出身者でも皇族となれるが、皇位継承の資格を有しない。ただ、将来の課題として、皇族女子宮家当主の子孫である皇族は、皇族男子当主宮家の子孫と同様(その男系男子を優先すれば、皇族女子系子孫の順位は著しく後になり、実現する可能性は極めて少いが)、皇位継承の資格を有するとしておくことが自然だと考えられる。

もちろん、皇位継承の資格は、現典範で「皇統に属する男系の男子」に限定されているから、その原則に例外を認めることになる。しかし、この「男系男子」原則は、明治の旧典範から明文化されたことであり(それ以前には規制がない)、すでに無理な状況を迎えているのであるから、万一に備えて例外を設ける必要があることは、皇室の永続を願う良識ある人々ならば理解されるに違いないと思われる。

(令和六年三月春分の日発信)

〔五〕典範の改正に必要な皇室のご意向確認

戦後の皇室典範は、制定から数十年経つ間に高齢化・少子化が著しく進んだ皇室の現状に適合しなくなった。それにもかかわらず、この法律の改正は難しい。

なぜなら、皇室を担う天皇は（皇族も）、憲法で「国政に関する権能を有しない」とされ、ご自身（各皇族）に関する制度の見直しを提起することができず、「主権の有する日本国民の総意」を負託される政府・国会の発案と合議によるほかないからである。

先帝のご意向に沿った譲位の実現

とはいえ、国家・国民のために「象徴としてのお務め」を全身全霊で果たしてこられた平成の天皇は、古稀のころに前立腺癌や心臓冠動脈の手術をして将来に不安を覚えられ、やがて宮内庁の「参与会議」で「退位」の意向を強く示された。

しかも、なかなか埒が開かないので、平成二十八年（二〇一六）八月、天皇（八十二歳）はビデオ・メッセージにより、象徴の務めを末永く受け継いでほしい、という高齢譲位のご意向を直接国民に語られた。

それをテレビなどで知った国民の大多数は、素直に理解と共感を示した。そこで、政府も国会も本気で動き出し、翌年九月、「高齢化」を理由として「退位」を容認する「皇室典範特例法」を成立させた。それに基づいて翌々年（令和元年）四月末に天皇（八十五歳）の譲位が実現されたのである。

新設宮家案も養子皇族案も事前諒承必要

あれから満五年後（令和六年）の現在、もう一つの少子化＝皇族数の減少という課題の解決に向けて、有識者会議の報告に沿った典範の改正案が、まもなく国会で論議されるという。それは大筋結構だと思われるが、与野党の合意を急ぐあまり、最も大事なことが置き去りにされている。

それは皇室（天皇と皇族たち）のご意向を事前に確認することである。与野党の多数意見では、①皇族女子が結婚後も皇族として宮家を立てる場合、その夫も子たちも皇族にしないという。また②いわゆる旧宮家の子孫を現宮家に養子とする場合、常陸宮家に限るのか、三笠宮家も高円宮家を含めるのか、まだハッキリしない。

しかし、この両案を皇室の方々は、当事者としてどう思われるだろうか。①ならば、新宮家は宮家当主のみが皇族で夫と子たちは一般身分のまま、という不自然な構成になるが、それでよいのか。また②ならば、現宮家の方々は本当に養子を必要とし希望されるのか否か。ぜひ承りたい。

それゆえ、改正法案を作成する前に、せめて皇室会議（議員十名）を開き、皇族代表の議員二名から皇室内の一致したご意向を伺う必要があろう。皇室会議は議長の首相と議員の見識により、このような意向確認ができるならば、早急に実施して頂きたい。

（令和六年四月十日記）

〔六〕渡邉允元侍従長の伝えた皇室のご意向／付　文庫「後書き」

明治の『皇室典範』は、その本文を改正したり増補する必要が生じたならば「皇族会議（議長天皇）及び枢密顧問に諮詢して之を勅定」（第六十二条）することができた。

それに対して戦後の現行典範は、『日本国憲法』の第二条に基づく法律であり、しかも何故か改正規定がない。従って、その内容を改正したり増補するには、「主権の存する日本国民の総意」を代表する政府・国会で検討して合意を形成して議決する必要がある。

「国政に関する機能を有しない」天皇の在り方

その際、十分に考慮すべきことは、皇室のご意向であろう。典範は皇室の方々の在り方を規定するものだから、当事者である天皇と皇族たちのご意向と無関係ではありえない。

ところが、現行の憲法第四条に「天皇は……国政に関する権能を有しない」と規制されている。そのため、法律の改正に関することなどへの意向表明はできないと解され易い。

それにも拘わらず、平成の天皇は高齢化が進めば「象徴としての務め」を果たせなくなるから、次の世代に受け継いでほしい、というご意向を直接国民に表明された。

それに大多数の国民が理解と共感を示した。そこで、政府も国会も本気で協議して、本文の終身在位の原則は変更せず、「高齢退位」を可能にする「皇室典範特例法」を成立させた。その結果、平成三十一年（二〇一九）四月末日で譲位が実現し、翌日から「令和」の御代を迎えることができたのである。これは正に画期的な出来事といえよう。

渡邉允氏（侍従長・宮内庁参与）の功績

この平成の天皇陛下に長らく仕えたのは、渡邉允《まこと》氏（一九三六〜二〇二二）である。同氏の曾祖父千秋氏は大正十年（一九二一）から宮内大臣、また父上の昭氏（一九〇一〜二〇〇五）は昭和天皇の御学友で長らくボーイスカウト連盟総長を務めた。

允氏は東大法学部を卒えて外務省に入り、要職を歴任した。平成七年（一九九五）から、宮内庁の式部官長となり、侍従長を十年半勤め、没年まで宮内庁参与を拝命している。

同氏は真に温厚な心優しい紳士ながら、強い信念と勇気の持ち主であった。たとえば、平成十一年十二月に中国の習近平副主席が来日直前、天皇陛下との会見を強硬に申入れた際、ご日程の調整困難と断っている（ただ、結局鳩山由紀夫首相に押し切られた）。

また、同十七年六月、両陛下がサイパン諸島（米国自治領）の戦没者慰霊をされえたのも、同氏が外務省の人脈を通して米国と丹念に交渉して実現したといわれている。

さらに、同十九年二月、前年オーストラリアで出版されたベン・ヒルズ氏著『プリンセス・マサコ』に甚だしい誤記誤解があることに気付き、その日本語版が出る直前、それを中止させたのも、同氏の決断によるとみられている。

『天皇家の執事』文庫版の重要な「後書き」

その侍従長退任後（平成二十一年十月）、名著『天皇家の執事』を出版された。しかも二年後（同二十三年十一月）、それに「皇室の将来を考える」と題する詳しい「後書き」を加え、文春文庫から刊行されたことは、極めて重要な意味をもっている。

なぜなら、この中に当時の皇室（平成の天皇）のご意向が、最も信任の厚い元侍従長を介して、かなり明確に伝えられていると認められるからである。よって、その主要な部分を抄出し付載した。現在の皇室（今上陛下）のご意向も、おそらくこれに近いとみてよいであろう。

とすれば、政府も国会もマスコミなども、このようなご意向をふまえて、真剣に議論を進めてほしいと念じている。

（令和六年五月二十七日）

〔付〕

渡邉允氏『天皇家の執事』「皇室の将来を考える―（文春）文庫版のための後書き―」（抄）

振り返ってみると、私が侍従長としてお仕えしていた期間（平成八年～十九年）のほとんどは、皇位継承をめぐる問題が常に緊迫した課題として存在し続けていました。

天皇陛下は、十年以上にわたって、この問題で深刻に悩み続けられました。天皇陛下の背負われた責任感の重みと、お悩みの深さは、我々には想像すら出来ないものだったと思います。そのお悩みによって、陛下は夜お寝みになれないこともありました。そのような陛下のご様子を心配なさって、皇后さまもお悩みになりました。……

それが、現在では、現行の皇室典範の下で、皇太子さま、秋篠宮さま、秋篠宮家の悠仁さまが、次の次の世代まで皇位を継承なさることで落ち着いた状況になっています。……

現在、それとは別の次元の問題として、急いで検討しなければならない課題があります。

それは、現行の皇室典範で、「皇族女子は、天皇及び皇族以外の者と婚姻したときは、皇族の身分を離れる」（第12条）と規定されている問題です。

紀宮さまが黒田慶樹さんと結婚なさった時、皇族の身分を離れて黒田清子さまとなられたように、現在の皇室典範では、内親王さま、女王さま方が結婚なさると、皇室を離れられることになっています。もし、現行の皇室典範をそのままにして、やがて、すべての女性皇族が結婚なさるとなると、皇室には悠仁さまお一人しか残らないということになってしまいます。

皇室は国民との関係で成り立つものです。天皇皇后両陛下を中心に、何人かの皇族の方が、両陛下をお助けになる形で手分けして国民との接点を持たれ、国民のために働いてくださる必要があります。そうでなければ、皇室が国民とは遠く離れた存在になってしまうことが恐れられます。

そこで、例えば、**内親王さまが結婚されても、新しい宮家を立てて皇室に残られることが可能になるように、皇室典範の手直しをする必要がある**と思います。それに付随して、いろいろな問題がありますが、**まず仕組みを変えなければ、将来どうにもならない**状況になってしまいます。秋篠宮家のご長女の眞子さまが今年（平成二十三年）十月に成年になられたことを考えると、これは一日も早く解決すべき課題ではないでしょうか。

平成二十三年（二〇一一）十月　（宮内庁侍従職御用掛）渡邉　允（75歳）

〔七〕「皇室会議」の現行規定と改正への提案

初めに自明の事実を確認しておこう。

古代から続く天皇は、地位を「世襲」し「象徴」の任務を果たすことが、現行の憲法で求められている。

その皇位を継承できるのは、現行典範で「男系の男子」に限られているが、幸い現在、今上陛下（六十四歳）の弟君の「皇嗣」秋篠宮殿下（五十八歳）と長男の悠仁親王（十七歳）が健在であるから、当分安心してよいのかもしれない。

しかし、天皇・皇后（六十歳）両陛下と皇嗣・同妃（五十七歳）両殿下よりも若い皇族は六名（男子一名のみ）しか居られない。それゆえ、皇室の公務を分担できる男女皇族を、何とか減らさないようにし、少しでも増やすようにする必要がある。

現在、「皇族数の減少」対策として、二つの案が有力視されている。㈠皇族女子が婚姻されても皇族の身分を保持しうるようにする案、㈡旧宮家皇族の男子孫を現存宮家の養子として皇族にする案である。これによって与野党の合意を形成し、典範（九条・十二条）の原則に例外を認めるような法改正が進められようとしている。

現行典範の「皇室会議」で可能なこと

ただ、この法改正に先立ち、当事者である皇室の方々（天皇と皇族たち）の意思（意向）を確認すべきではないか。それには、「皇室会議」（皇族二名、三権代表八名）を開き、皇族議員から皇室の一致した見解を表明して頂くことが考えられる。

では、これを現行典範で実施することは可能だろうか。念のため、その第十一条をみると、婚姻以外のケースについて、次のごとく定められている。

①年齢十五年の内親王および女王は、その意思に基づき、皇室会議の議により、皇族の身分を離れる。

②親王［皇太子及び皇太孫を除く］、内親王及び女王は、前項の場合の外、やむをえない特別な事由があるときは、皇室会議の議により、皇族の身分を離れる。

これによれば、天皇と皇嗣は除かれるが、皇族として生きられた男女は、「その意思に基づき」「特別な事由のある場合」皇室会議で協議して適当と判断されたら離籍しうる。

そうであれば、皇族を確保する方策として、皇族女子が婚姻後も皇室に留まれるとか、旧宮家男子孫を皇室に入りうる、というような法改正にあたり、当事者の皇族に「意思」「事由」を確認するために、皇室会議を開くことは可能だと考えられる。

けれども、現行典範には重大な不備がある。その最たるものは、明治の憲法と並ぶ欽定の旧典範ですら、第六十二条に「将来此の典範の條項を改正し、又は増補すべき必要あるに当たりては、皇族会議及び枢密顧問に諮詢（しじゅん）して、之を勅定すべし」と定めていたが、新典範には改正条文がないことである。

そのせいか、施行から数十年一度も改正されていない。数年前、平成の天皇から表明された御意向に沿う〝高齢譲位〟を可能にする際も、「特例法」の形に留めざるをえなかったのである。とすれば、今回も特例法とされる公算が強い。

しかし、仮にそうなっても、これから数年かけて全条項を見直す必要があろう。その上で旧典範とその増補を参考にして、現行典範に改正条文を設け、本文の原則は大筋で残しながら、現実に即した例外も認めるような改正をすべきだと考える。

「皇室会議」の改善にも必要なこと

その見直しと法改正の案作りを担当するのは、政府内の「皇室典範改正準備室」であろう。とすれば、その段階で少なくとも皇室会議の皇族議員に重要な情報を伝え、皇室の方々の意向を承り、成案の際に皇室会議を開くことなら出来るにちがいない。

ともあれ、皇族女子を当主とする宮家を新設するためにも、旧宮家男子孫を現存宮家へ養子とするためにも、当事者である皇室の方々に十分な理解を得なければ、スムーズに実現し難いであろう。それを予測すれば、現段階で皇室会議を開き、皇室の「意思」を確認しておき、将来の本格的な改正にも役立てることが望ましいと思われる。

（令和六年四月十七日記）

〔八〕著名な皇統男系論者への疑問

ここにいう著名な皇統男系論者とは百地章氏（国士舘大学客員教授、日本会議政策委員）である。同氏の提言「女性皇族のため『婚姻特例法』を」が「産経新聞」本日（四月十九日）の「正論」に掲載されたのを拝読して、頗る疑問を感じた。

その中で、（イ）「宮家」は「男系の皇族の危機」に備え……るものだから……歴史上の女性宮家など存在せず……創設など考えられない、という。

また、（ロ）「女性皇族が婚姻後も皇族の身分を保持する案」に基づく特例法、（ⅰ）対象とされる皇族女子は……「内親王」のみとすべきだろう。……（ⅱ）女系皇族の誕生を回避すべく、配偶者と子は皇族としないこと、という。

続いて（ⅲ）婚姻に際しては……「皇族会議」を経るようにすること。……（ⅳ）この制度は、あくまで「皇室のご意向」と「本人の同意」が必要である、という。

この（ⅲ）（ⅳ）は、私も大切な要件と提唱していることである。ただ、これは当然「旧宮家からの養子案」の特例法にも不可欠であろう。

女性・女系天皇容認と夫婦別姓反対論

賢明な百地氏は、頑固な原理論者ではない。同氏著『憲法の常識、常識の憲法』（平成十七年、文春新書）によれば、「万一の場合には、皇統を守るために、女帝さらには女系の選択ということもあり得る」と明言されている。

しかし、それ以上に「男系維持のための『旧皇族の養子特例法（仮称）』の成立」が必要と強調される。この「旧宮家」とは、昭和二十二年（一九四七）に皇籍を離れた方々でなく、その若い男子孫であろうが、その男系女子も養子として容認されるのだろうか。

一方、同氏は一般家族の「夫婦別姓」論に反対して、「夫婦別姓を選択すれば、親子別姓にもなる」から「親子の一体感の希薄化や子供の不安感などが生じ、成育に支障を来すことも考えられる」という（「産経新聞」平成十五年十二月十三日談話）。しかし、皇室の場合は、皇族女子のみ皇族に留まるが、「配偶者と子は皇族としない」（俗姓のまま）として「親子別姓にもなる」ことの「悪影響」は考え及ばないのだろうか。

皇族女子当主の先例と皇女降嫁の実情

以上の疑問は見解の相違として一蹴されるかもしれない。しかし、前引の（イ）に関しては、史実の認否・解釈を是正する必要があろう。

まず「歴史上『女性宮家』など存在せず」というのは史実に反する。〔三〕に記したとおり、幕末の桂宮家では継承男子がえられないため、仁孝天皇の皇女敏宮淑子内親王（一八二九〜一八八一）が文久二年（一八六二）第十一代の当主に迎えられ、いわゆる「女性宮家」となっている。

また百地氏は、「女性皇族〈皇族女子〉が臣下（民間人）と婚姻後も皇族の身分を保持した例」として「仁孝天皇の皇女の和宮親子内親王が第十四代徳川家茂のもとに嫁がれたケース」などをあげる。しかし、これは中国流の夫婦別姓（同姓不婚）を原則とする在り方にすぎず、明治の皇室典範・同増補以降、皇族女子が降嫁すれば、夫君の宮名か家名を称するように近代化されている。それを無視して前近代の例を引くのは無理であろう。

（令和六年四月十九日記）

〔九〕政府案による近未来の皇室像への不安

平成の天皇が満八十五歳で令和の今上陛下に譲位されてから、まもなく満五年になる。折しも政府と国会で、皇室に関する「先送りできない課題」の一つに取り組み始めた。最近の報道によれば、「皇族数を確保するため」の政府案は、国会の与野党で各々検討の上、大筋で賛成をえられたら法案化する方向を目指しているという。

では、もし現段階の案で皇室典範の特例法が制定されるならば、近未来の皇室像はどうなるのだろうか。こんなことをあれこれ想定することは、慎むべきかもしれないが、もし法案の改善に役立つならばと念じている。

皇族女子が婚姻後も皇室に留まる場合

政府案の㈠では、皇族女子が婚姻しても皇族の身分を保持して公務を分担しうるようにするが、その夫と子は皇族としない（一般国民のまま）、という。

これを現在の皇室にあてはめれば（年齢は今年四月現在）、もし皇族女子を「内親王」に限ると、今上陛下（六十四歳）長女の敬宮愛子内親王（二十二歳）と皇嗣秋篠宮殿下（五十八歳）次女の佳子内親王（二十九歳）のみである。この両殿下が近い将来、一般男性と結婚されても、その新設宮家は当代限りで皇族不在（絶家）となってしまう。

そこで、皇族女子を「女王」まで広げれば、三笠宮家の彬子女王（四十二歳）と瑶子女王（四十歳）、および高円宮家の承子女王（三十七歳）の三殿下が増える。しかしながら、結婚されても（されなくても）、前者と同様、当代限りで皇族不在（絶家）とならざるをえない。

しかも、新設宮家の当主のみは皇族の待遇を受けられるが、同居する夫と子たちは一般国民のままであれば、皇族費を支給されず、公務に同伴しても、他の宮内庁職員並の手当しかない、などという不自然な状況が続くことになろう。そのような方が一般国民としての権利と自由を行使されても、法的に抑止することは難しいであろう。

旧宮家男子孫を養子皇族とする場合

政府案の㈡では、昭和二十二年（一九四七）皇籍を離れさせられた旧宮家皇族の男子孫を、現在宮家で継承者のない所へ養子として入れ皇族の身分にする、という。

しかし、いわゆる旧宮家も大半が後継男子不在のため絶家となっている。男子孫が実在する家でも、皇室の養子となることを当家・当人が諒解されるか否か、微妙で難しい。

また、もし仮に適任の該当者が得られても、皇室の側で養子を必要とし希望されるか否か、当然確認すべきことながら、その手続きまで明文化できるのだろうか。

従って、あくまで仮定にすぎないが、現存の宮家で後継の御子様が居られないのは常陸宮家（当主正仁親王八十八歳）のみである。そこに養子として旧宮家の既婚夫妻が入るにせよ、未婚の男子が入って一般女子と結婚するにせよ、その間に生まれる男子に皇位継承資格を認めることが妥当か否か、慎重な検討を要する。

なお、現在の宮家で男子不在の三笠宮家と高円宮家に、未婚女子が居られるのだから、旧宮家の男子孫を養子として（または女王の夫として）受け容れられることなど、おそらく無理ではないか。とすれば、この(二)案は、画餅に終わる恐れがあろう。これを推進する人々は、近未来に思いを致し、ぜひ考え直して頂きたい。

（令和六年四月二十一日記）

〔十〕「ご譲位」実現の画期的な意義の再確認

明治以降なぜ〝終身在位〟とされたのか

日本では明治二十二年（一八八九）『皇室典範』により天皇の終身在位が成文化された。その現実的な要因とみられるのは、明治天皇の継承者として第一位の皇太子（大正天皇）が生まれつき病弱であったことによる。その後、何とか即位された大正天皇は、十年目に四十二歳で「摂政」を置き、五年後に崩御された。

従って、昭和二十年（一九四五）敗戦当時、日本人の平均寿命が五十歳余であり、天皇陛下が既に四十四歳であったから、二年後に施行の新皇室典範にも「世襲」の天皇を終身在位と定めたのは、むしろ当然かもしれない。

しかし、それから四十余年後、日本人の平均寿命が男性七十五歳（現在八十一歳）、女性が八十歳（現在八十七歳）を越えており、昭和六十三年（一九八八）九月、八十七歳の天皇陛下が癌の進行で倒れられ、百十一日の闘病に苦しみ崩御された。それを間近で見守り「臨時代行」を務められた皇太子殿下の御心中は、察するに余りがある。

平成の天皇は〝高齢譲位〟を実現された

それゆえ、五十六歳で践祚された平成の天皇陛下は、一歳下の皇后陛下と皇太子・同妃両殿下などの協力をえながら「象徴としてのお務め」を積極的に実践して来られたが、平成十五年（二〇〇三）、満七十歳近くで前立腺癌の全摘手術されたころから、健康に不安を覚えられたとみられる。

そこで、陛下は明治以前の歴代天皇に多い「譲位」の実例を、宮内庁書陵部などの協力もえて調べ尽くし、上皇が後継天皇に全てを渡し、文字どおり隠退すれば何ら差し支えない、と確信されるに至ったのであろう。それゆえ、平成二十四年（二〇一二）宮内庁の参与会議において、ご譲位の意向を強く表明されたことが、後日判明している。

その〝高齢譲位〟が数年後、安倍晋三内閣のもとで「特例法」を制定して実現されたのは、何より陛下ご自身の大局的なご判断と不退転のご決意に基づくものといえよう。

これは仮に二十数年後の令和三十二年（二〇五〇）で九十歳の今上陛下が、もし高齢譲位を再現したいと発意されるならば、確かな先例として参考にされることであろう。

現在、政府も国会の与野党も「皇族数の確保」（減少対策）に不備の多い案で幕引きを急いでいるように見える。それは当面やむをえないが、上皇陛下の叡慮に学んで、今後とも真剣に見直しを重ねてほしい。

（令和六年四月二十八日）

〔十一〕「万世一系」の天皇は「皇統に属する皇族」から

五年前の五月一日、皇太子徳仁親王（五十六歳）が、「剣璽等承継の儀」により名実ともに天皇の地位（皇位）を「世襲」された。それ以来、今上陛下が父君（上皇陛下）を直接のお手本として「象徴」のお務めを誠実に果たされつつあることは、真にありがたい。

「皇統」に男系絶対の原理はない

皇室には一般国民の「戸籍」にあたる公的な「皇統譜」があり、宮内庁で保管されている。それは天皇・皇后の「大統譜」と他の全皇族の「皇族譜」から成る。

その「大統譜」の「神武天皇」は、「世系第七」と記され「世系第一」の「天照皇大神」から数えて七世孫と公認されている。この天照皇大神は、記紀に女神（母神）として描かれ、今なお「皇祖神」と仰がれる。しかし、さりとて神武天皇は神代からの〝女系〟継承だ、などと敢えて言う必要はない。

同様に、神武天皇から今上陛下へと続く「皇統」も、〝男系か女系か双系か〟などと賢《さか》しらに議論することも、あまり意味がない。

なぜなら、同族家系を男系・女系に分けて、男系（父系）こそ絶対という〝男尊女卑〟

の原理を作ったのは、古代（周代以降）の中国である。彼の地では、「姓氏」をもつ有力豪族が他の氏族と戦って建てた王制が、父系継承を厳守してきた。

それに対して、わが国では、縄文時代から男尊女卑の風習が見あたらない（むしろ母性尊重の信仰が根強い）。しかも、弥生中期から古墳時代（およそ1C～6C）に国内統合を進めた大和朝廷の大王（天皇）は、他の帰伏豪族らに「氏・姓」を下賜したが、それを自ら称する必要がなく、万世に亘り臣民クラスの氏も姓もない格別な御存在である。

従って、歴代の継承者に男性が多いことは事実であり、それを男系とみても構わない。ただ、決して女性（女帝）を否定したり、いわゆる女系（母系）を排除したこともない。

「万葉一統」の歴代は、男性皇族優先

このように、日本の皇室は天照皇大神を「皇祖」と仰ぎ、「皇統第一」の神武天皇以来、ほとんど男性皇族を優先しながら継承されてきた。それを幕末に吉田松陰は『士規七則』で「皇朝は万葉一統にして……我が国を然りとなすのみ」と説いている。

それゆえ、明治九年（一八八六）元老院編『国憲草案』「皇位継承」をみると、「同族に於ては、男は女に先だち、同類に於ては、長は少に先だつ」という原則を提示している。

また、同十二年、民間の鸚鳴社編『憲法草案』には、「皇族中に男無き時は、皇族中、

当世の皇帝に最近の女をして皇位を襲受せしむ」と、皇族男子が不在なら当代に最も近い皇女の皇位世襲を提示している。

さらに、同十八年ころ、宮内省立案の『皇室制規』でも、「皇族中の男系絶ゆるときは、皇族中の女系を以て継承す」「皇統の女系にして皇位継承のときは、その皇子に伝へ、もし皇子なきときはその皇女に伝ふ」と、女帝も女系も容認している。

つまり、明治前半までの、皇位継承論者は、官民とも皇統中の皇族男性を優先しながら、皇族女子もその皇族子孫も含めて、万一の将来に備えようとしていたのである。

それが、同二十年「制度取調局長官」となった井上毅の作成した「皇室典範説明草案」で、「皇祚を践むは男系に限る」と限定され、同二十二年（一八八九）制定の「皇室典範」に至り、「大日本国皇位は、祖宗の皇統にして男系の男子これを継承す」と規定された。それが再検討を経ずに戦後の皇室典範にも引き継がれている。

しかし、これは歴史的な男子優先の慣例を絶対的な原理と錯覚した過度の規制なのである。当面、現実的に必要な課題は、皇位継承の有資格者として「皇統に属する皇族」のうち、男性を優先しながら女子も容認することだと思われる。

（令和六年四月三十日記）

〔十二〕不可解な「皇室の祀り主は男系男子」論

現行憲法の第一章に定められる「天皇」は、日本国と国民統合の「象徴」であり、しかも、「皇位は世襲」とされている。

その「象徴としてのお務め」は、大別すれば、㋑憲法に明示される「国事行為」、㋺象徴に相応しい「公的行為」、㋩伝統的な「宮中祭祀」などから成る。

「宮中祭祀」とは天皇が主催、皇族も参列

この㋩について、宮内庁の公式ホームページに「天皇皇后両陛下は、宮中の祭祀を大切に受け継がれ、常に国民の幸せを祈っておられ、年間二十件近くの祭祀行われています。皇族方も宮中祭祀を大切になさっています」と説明されている。

その祭祀が行われる「宮中三殿」のうち「賢所」には「皇祖天照大神が」、「皇霊殿」には「歴代天皇・皇族の御霊が」、「神殿」には「国中の神々が」、各々祀られている。

この祭祀は、天皇が主催して天皇のお手もと金「内廷費」により、「掌典」と未婚女性の「内掌典」の補佐をえて行われる（年間の「主要祭儀一覧」はＨＰに別掲）。そのうち「大祭」は「天皇陛下ご自身で祭典を行われ、（神々への）御告文を奏上され」、「小祭」

は「掌典長が祭典を行い、天皇陛下がご拝礼になり」、大祭には皇后と皇嗣・同妃が、小祭には皇嗣が、各々昇殿拝礼（他の成年皇族男女は三殿の階下から拝礼）される。

「神道学者」新田均教授の皇室祭祀論

このような宮中祭祀に関して、皇學館大学の新田均教授（「神道学」の博士号をもつ）により書かれた評論を拝見し、ビックリ仰天した。

それは、日本会議の会誌『日本の息吹』本年三月号に掲載されており、「皇室の祀り主は男系男子でなければならない」という太字のタイトルが目立つ。しかし、これは失当だと思い再考を求めるため、直ちに同誌編集部あて短評を送ったが、何の音沙汰もない。

同氏によれば、「祖先を祀る祭り主の地位は……父系でしか継承できない、というのが古代の観念だった」から、現行の皇室典範にも「皇位継承が皇統に属する男系（「男子」の二字脱か）に限定されている」のだという。

しかも、「この原則を表している物語」として、『日本書紀』の要旨を引き、崇神天皇時代に災害を鎮めるため「天皇御自身が祭祀を執り行ったが一向に効き目がなかった」ので、「大物主神」の子孫である「大田田根子に祀らせ」たら災害が収まったという。

これは、九州から東征してこられた神武天皇より十代目（三世紀前半ころ）の崇神天皇

（大王）が、災厄の鎮静を、大王の祖神に祈っても通じなかったので、元来大和に勢力を張っていた三輪氏の奉ずる大物主神への祭祀を大神の子孫である大田田根子に託したところ効験をえた、という皇室祭祀と氏族祭祀の違いを示す逸話である。

ところが新田氏は、ここから飛躍して「たとえ天皇が祈っても父系でつながっていなければ祭祀は通じない。だからこそ、皇祖の祭り主は皇統に属する男系の男子でなければならない」と結論づけている。残念ながら、牽強付会といわざるをえない。

「皇祖神」の「祀り主」は皇統の天皇

ところが、新田氏は『産経新聞』五月六日付「正論」欄で、「男系による皇位継承の真の意義」と題する評論で、右と同じ話を持ち出し、「祭祀が神に通じるためには、祭り主は男系で継がれていなければならず……」と繰り返す。

ただ、ここには「男系男子でなければならない」とまでは言っていない。賢明な同氏は、「世界日報クラブ」の講演記録「皇統を考える」（令和三年十二月、ネット公開）において「祭り主の地位は父系でしか受け継げない」が、「女性でも自分の父系の祖先神は祭ることができるので、女性天皇が歴代で八人いらっしゃった」と、断っている。

しかし、その本音が「祀り主は男系男子でなければならない」というのであれば、八名の女性天皇は不当な存在であり、在位中に行われた祭祀は無意味だったことになろう。また、天皇から委任されて伊勢神宮の祭祀に奉仕してきた倭姫命（崇神天皇の皇女）以来の「斎王」も、戦後の「祭主」（現在元皇女清子様）も、不当・無意味になってしまう。

それにも拘わらず、新田均氏が「男系男子」に敢えて固執するのは何故だろうか。ちなみに『日大法学』〈八十二巻三号（平成二十八年十二月）〉に掲載された論説「新旧皇室典範における〃皇統〃の意味について」（ネット公開）の末尾で、「皇學館大学名誉教授・田中卓氏」との論争に触れている。

その要約によれば、田中氏は「皇祖神の天照大神が『吾が子孫の王たるべき地』と神勅されている通り……天照大神を〃皇統〃の起点とすれば、〃皇統〃には女系も含まれる」ことになる。しかし、新田氏の解釈では、「天照大神は、イザナギノミコトを父とする男系の女神で……神統譜を男系継承の起点から見れば〃イザナギ↓スサノオ↓アメノオシホミミ〃という流れになる」から、「神武天皇の歴代天皇の皇位継承についての歴史記述が男系に拘わったものになっている」のだという。理非優劣は明らかであろう。

一統の天皇は氏姓無用、臣民に氏姓を賜与

前に引いたとおり、新田氏は「正論」の中で「古代の東アジアでは……男系のことを〃氏〃

といい、各氏を区別するための名称を〝姓〟といった。……これは古代の日本でも同様」だという。

しかし、こんな見解は通用しない。日本の「氏」と「姓」には精緻な研究がある。その概要は、野口剛氏（帝京大学教授）著『古代貴族社会の結集原理』（平成二十八年、同成社）所収「ウジとカバネが提起する世界」などによれば、古代でも中国と日本には著しい違いがあり、日本でも時期により多様な変化があったのである。

たとえば、吉村武彦氏（明治大学名誉教授）の「ヤマト王権と氏族」（『古代学研究所紀要』二一号、平成十二年、ネット公開）によると、「中国では、共同の祖先から出た男系の血統集団である同族集団を〝宗族〟といい、各宗族を区別する名称が〝姓〟である。……この姓から分かれ、政治・地域等に起因して成立した血縁集団が〝氏〟と呼ばれる」。

それに対して、「日本列島では、中国と共通するような〝宗族〟は存在しなかった」「日本の氏は……あくまで王（大王）との政治的関係で結ばれた集団であり、氏（姓）の改定も王の権限となる」から「自らは氏も姓も保有」しない（必要ない）。従って、「氏姓を（氏族に）賜与し変更することは、天皇固有の権限になった」のである。

すなわち、日本の天皇は、「氏姓秩序を超越した存在」だから、いわゆる男系も女系もなく「皇統に属する皇族」出身であることが、本質的に重要なのである。しかしながら、その天皇から氏姓を賜与される氏族社会では、中国流の父系（男系）継承絶対原理を採り入れて男系中心（男子優先）継承の例を続け、それが庶民社会にも影響を与えた。このような皇統継承と一般相続の根本的な区別を、混同してはならない。

（令和六年五月十一日記）

〔十三〕宮中と神宮・勅祭社の祭祀担当者たち

現行憲法のもとでも、天皇の重要な任務の一つは「宮中祭祀」である。それが多くの国民に理解され社会に安定をもたらしている。その上、天皇ご自身と天皇から委任された人々が、伊勢の神宮と主要な神社の祭祀に関わっている。その現状を簡単に整理しておこう。

「宮中祭祀」の主催者と奉仕者

宮内庁の公式ホームページによれば、「宮中祭祀／天皇皇后両陛下は、宮中の祭祀を受け継がれ、常に国民の幸せを祈っておられ、年間約二〇件近くの祭儀が行われています。皇族方も宮中祭祀を大切になさっています」とある。

その祭典は三種に分けられる。まず①「大祭」は「天皇陛下ご自身で祭典を行われ、御告文（祝詞）を奏上され、ついで②「小祭」は「掌典長が祭典を行い、天皇陛下が御拝礼になり」、さらに③「旬祭」は「毎月1日・11日・21日に掌典長が祭典を行い、原則として1日には天皇陛下の御拝礼があります」と説明されている。

すなわち、宮中祭祀の主催者は天皇陛下である。ただ、①大祭には天皇に続き皇后と皇嗣・同妃も殿内で拝礼され、②小祭には天皇のあと皇嗣が殿内で拝礼される（③旬祭は原則1日のみ親拝)。

その祭祀には、宮内庁の内廷職員である掌典《しょうてん》(成人男性)と内掌典(未婚女性)などが奉仕する。とくに内掌典は賢所の内陣より奥の内々陣で皇祖神に神饌をお供えする。

神宮の皇族出身「祭主」と天皇聴許の大宮司

皇祖神の天照大神は、宮中の賢所(三殿の中央)と共に伊勢の神宮(内宮の正宮)に祀られている。この神宮は戦後に宗教法人となったが、今も皇室と特別な関係にある。

そのため、「祭主」と「大宮司」は勅旨を奉じ聴許を仰いで定められる。注目すべきことに、祭主は明治八年(一八七五)から男性皇族が勅任されてきたのを、戦後の昭和二十二年(一九四七)四月から皇族出身の既婚女性が務めている。

これは、GHQの圧力により同年十月から直宮《じきみや》以外の伏見系十一宮家の皇籍離脱で男性皇族が激減、その多くが軍籍にあって拒否されることを見越しての対策だったのであろう。

とはいえ、当時も今も皇族出身ならば、既婚女性であれ、何ら差し支えないとみなされている。その経緯は、牟禮仁氏から教示された藤本頼生氏「戦後における皇室と神社界―北白川房子神宮祭主を主として―」(神社新報社編刊『戦後神道界の群像』所収、平成二十八年)に詳しい。宮内府(のち庁)と神宮の関係者協議をふまえて、昭和天皇から北白川宮房子内親王＝北白川房子様（明治天皇の皇女、一八九〇〜一九七四）に「強《た》っての御依頼があったので、……お受けに」なった（神宮司庁編『神宮・明治百年史』。宮内庁編『昭和天皇実録』によれば、天皇が内親王と再三「御対面」で内親王を説得の上「御聴許」になっている）のである。

ただ、祭主は常勤でなく、神宮の六月と十二月の月次祭と十月の神嘗祭、二十年ごとの式年遷宮祭などに奉仕される。戦後初代の北白川房子様以後、鷹司和子様、池田厚子様（共に昭和天皇の皇女）、現在は黒田清子様（平成の天皇の皇女）が務めておられる。

一方、神宮の大宮司は、伊勢で祭祀に専念する少宮司以下の上に立つ神職であり、天皇の聴許をえて任命される。戦後十代の拝命者は、元華族か元皇族（現在の久邇朝尊氏は邦昭氏の長男）である。

勅使の遣わされる主要な「勅祭社」

この神宮の主要な祭儀には、天皇が勅使（式年遷宮のみ掌典長、それ以外は掌典）を遣わされる。また神宮以外で例祭に勅使（掌典）を遣わして、祭文と幣帛を奉らしめられる「勅祭社」がある。

それは、関西の橿原神宮（2月11日）、春日大社（3月13日）、平安神宮（4月15日）、近江神宮（4月20日）、出雲大社（5月14日）、賀茂の上社・下社（5月15日）、石清水八幡宮（9月15日）、中部の熱田神宮（6月5日）、関東の氷川神社（8月1日）、明治神宮（11月3日）および旧別格官幣の社靖国神社（4月22日と10月18日）の十二社（賀茂は上下両社だが同一祭文）には毎年、また六年ごとの香取神宮（4月14日）と鹿島神宮（9月11日）、さらに十年ごとの宇佐神宮と香椎宮（共に祭日不定）を合わせて十六社と定められている。

なお、ご公務のため全国へ行幸の際、当地の主要な神社で拝礼されることもあり、また一定以上の神社に幣饌料を賜ることになっている。

（令和六年五月三十一日記）

〔十四〕「皇族数の確保」政府案の必要性と法形式

いわゆる「皇族数確保の具体的方策」を実現しようとして、政府案に基づく国会論議がまもなく（今月十七日から）始まるに至った。

これ自体は一歩前進といえようが、成り行きは楽観できない。なぜなら、今何が必要であり、どういう形で立法化するか、まだ理解が共有されていないからである。

周知のとおり、政府は国会に三つの案を示した。ただ、その③の「皇統に属する男系の男子を法律で直接皇族とする」という案は、「現皇族の御意思は必要としない」というが、現在の「皇族方と何ら家族関係を有しないまま皇族となる」（別系統を創り出す）ことになり「困難な面があるので、①・②の方策では十分な皇族数を確保することができない場合に検討すべき」と先送りしている。

当面必要なこと　次代に備えること

従って、今回の主な検討対象は、①と②の案であり、与野党の多くも①・②両案を大旨是認していると伝えられる。しかし、両者の必要度は明らかに異なる。それを認識して、まず①案の実現を目指し、併せて②案も可能性を開き次代に備えることだと思われる。

すなわち、①案によれば、現に皇室で生まれ育った未婚の皇族女子（内親王・女王）が、内廷に一名、皇嗣家に一名、他の二宮家に三名おられるのだから、それらの方々が婚姻後も皇室に留まり皇族としての公的な役割を担いうるようになり、皇族数の減少を止められる方策とみられている。

ただ、その五名は、すでに結婚した方々と同様、やがて一般男子と婚姻すれば皇籍を離れる、という現行典範のもとで生まれ育っているから、①案が法的に可能となっても、それに必ず従われることになるとは限らない。まして政府案のごとく、その夫も子も皇族としないということになれば、身分の違う家族が同居することがネックとなって、婚姻自体も結婚生活もスムーズに運ばないのではなかろうか。

一方、②案によれば、昭和二十二年（一九四七）に皇籍を離れた旧宮家（伏見宮系の十一家）は、男系男子で相続しえてきた数家が現存している。その中に若い男子が数人いる（今後も生まれる可能性がある）のだから、その男子を養子として皇族にすれば、皇族数を増やせる（やがて皇位継承のできる男子孫もえられる）と思い込まれている。

しかし、その養子として皇族の身分になることを理解し諒解する人が（未成年なら親も）いるかどうか、公的な調査は行われていない（表向き行いえない）。まして現皇室の中で本当に養子縁組を希望される宮家があるかどうか、その意向確認は行われていない（表向き行いえない）。皇室でも民間でも、養子を取る側と出す側の十分な合意をえなければ、縁組は成り立たないであろう。

つまり、①案も②案も万全ではない。それゆえ、今回は暫定的に、まず①案で現存する皇族女子の減少を可能な限り留め、あわせて②案で養子縁組を可能性として、今後あらためて本格的な典範改正への道を拓くことに意味があると思われる。

事務局の提示する立法形式の試案

ところが、政府内の有識者会議事務局（皇室典範改正準備室）により作成されて、令和三年三月提出された資料（ネット公開）には、かなり疑問がある。これは参考資料にすぎないと思って、従来とりあげなかった。しかし、本日（五月十五日）『産経新聞』「正論」で、八木秀次氏（麗澤大学教授・憲法学者）は、この資料を都合よく活用しようとしているとみられるので、その問題点を指摘しておきたい。

まず①案に関しては（イ）「内親王・女王の人生に大きな影響を与えること」になり、また（ロ）皇族女子の「配偶者（夫）・子を皇族としない場合……一般の国民と等しく基本的人権がある」から「権利・自由を制約することは困難」などの問題があるので、時限的な特例法でなく「恒久的な制度とすることが適当ではないか」と指摘する。

これは一見もっともらしくみえるが、（イ）は後述の②案の養子皇族についても配慮を要することである。また（ロ）は皇族女子の夫も子も皇族にすることにすれば問題にならない。それにも拘わらず、①案を「恒久的な制度とする」（典範の本文を改正する意か）には相当時間を要するから、今回は不可能だと暗示しているように感じられる。

一方、②案に関しては、（ハ）養子縁組を「一定の期間に限」るか「恒久的に」するかの選択を指摘するが、それは八木氏によれば「恒久的な措置としないことを示唆している」から「特例法で対応することになろう」と見通している。

また、（ニ）「歴史上、先代天皇の直系ではない者が皇位を継承した例は五五例ある」のだから、八木氏によれば、「新たに皇位継承権を付与せず、子の代から付与すべきではとする（事務局案をそう解する）か、安定的な皇位継承の観点から妥当か……その検討が必要になる」と注意を促す。

これも一見もっともらしくみえるが、①案に対しては、皇族女子の夫も子も「皇族としない」としながら、②案の養子皇族は次代からであれ「男系男子孫が皇位継承の資格を付与されることを」当然としている。しかも、それは「特例法で対応」すればよいとして、今回成立可能と見込んでいるように思われる。

もしそうであるならば、事務局の資料を作る段階から影響力をもっていたといわれる八木氏のような人々の真意は、①案を不可とし②案なら実現できる、という結論に人々を誘導することにあるのかもしれないとさえ想われる。

それに対して私は、前述のとおり①案こそ当面必要であり、②案も将来に備えて検討可能とするために、暫定的な特例法を成立させる方向に進んでほしいと考えている。

（令和六年五月十五日記）

〔十五〕国会「与野党協議」初会合の或る報道寸評

「安定的な皇位継承などに関する与野党協議」が、五月十七日に始まった。衆議院議長の公邸に両院正副議長と全与野党関係者が集まり、初回の総会が開かれたのである。

皇統男系男子論者の注目すべき見解

そのマスコミ報道中、「皇統男系男子」説の強い或る新聞（今朝五月十八日付）で注目すべきは、八木秀次氏の「歴史に学び、今国会で決着を」と題する見解である。

それによれば、「歴史に学んで過去に例のあるものを取り入れ、新しい例は設けないという姿勢で臨むことも大切だ」という。その「過去に例のあるもの」は、多様であるが、大宝令に明記され八名十代実在する男系女子の「女帝」も当然含まれるであろう。

とすれば、政府案の①「内親王・女王が婚姻後も皇族の身分を保持できる案」が成立すると、内親王も女王も皇位継承資格を公認されることになるのではないか。ただ、八木氏などは、その資格が「女系に拡大することはあってはならず」として、皇族女子当主の「夫も子も皇族としない」という無理な案を堅持していることに変わりはない。

そこで、この案が「今国会で決着」すれば、皇族男子に皇族女子も加えた継承順位を、典範原則の例外として検討する必要があろう。それは明治以来の「男系男子」に限定して「長系の長子」優先とするか、歴史上に多い当代と血縁の近い方を優先するかで異なる。

しかし、仮に男子優先としても、現状から想定すれば、二代先の悠仁親王の次の三位となるのは敬宮愛子内親王であろう（その先は悠仁親王が結婚されてから、男子か女子を儲けられるか御子を授からないかにより変わってくる）。

皇室・氏族の「祖先祭祀」の主務者

もうひとつは、先週（五月十一日）このＨＰで批判した「皇室の祀り主は男系男子でなければならない」という新田均氏の見解を再び取りあげ、同氏が「古代の感覚では、天皇の祭祀も父系以外は務まらないと考えられてきた」との見方を示した、と援用している。

しかし、同氏が論拠とする記紀の解釈は、到底通用しないと考えられる。そこで、あらためて簡単な説明と管見を略述しよう。

『日本書紀』崇神天皇紀によれば、即位六年目に、前年から国中で疫病が流行して多くの人々が亡くなったので「神祇」に謝することになった。そのため、まず従来「天皇の大殿の内に並び祭ってきた」皇室の祖先神「天照大神」を正室所生の皇女「豊鍬入姫命」に托して「倭の笠縫邑に祭」り、「倭の大国霊」を側妃所生の「渟名城入姫命」に托したが、後者は「身体痩弱」のため祭ることができなかった。

そこで、翌七年、天皇が再び祈ったところ、「夢」に現れた「大物主神」から「もし吾が児大田田根子《おおたたねこ》を以て吾を祭らば、ただちに平ぎなん」と告げられ、その人を捜し出して「祭主」とされたことなどにより、疫病は終息したという。

つまり、天皇は皇祖神を「皇孫命《すめみまのみこと》」として祀りうるが、古くから大和を支配してきた有力な三輪氏の奉ずる大物主神の祭祀には介入できないので、氏祖の大田田根子命を祭主とし、また「倭大国魂神」は倭国造の市磯長尾市を祭主として祀らしめた、という皇室祭祀と氏族祭祀の区別（祖先神は子孫が祀る原則、男女不問）を示す物語である。

なお、この大田田根子（意富多多泥古）命は、大物主神と活玉依媛の間に生まれた。その媛は「陶津耳《すえつみみ》の女」とあり、その縁で命は母方の「陶邑《すえむら》」にいたとみられる（田中卓博士「大神神社の創祀」同著作集1所収）。

（令和六年五月十八日記）

〔十六〕「協議先送り」に切実な反省と真剣な努力

先般来、衆参両院議長のもとで行われてきた全与野党・会派の協議は、国会の閉会により先送りされると報じられた。全く遺憾なことであるが、今後閉会中でも協議を続ける、という額賀福志郎議長談話に一縷の望みを繋ぐほかない。

とはいえ、大事な課題は放置し先送りすればするほど解決が難しくなることであろう。その一例として「旧宮家」の相続を直視して実情を略述した。参考までに左の拙文を参照して頂きたい。

皇室構成者の減少対策を先送りするなかれ

昨晩（六月十四日）のＮＨＫニュースによれば、「安定的な皇位継承の在り方」をめぐる「立法府の総意とりまとめが先送り」になったという。甚だ残念であり遺憾といわざるをえない。

額賀衆議院議長は「今の国会が閉会したあとも協議を続ける意向を示し」た由であるが、これをいつまでも「先送り」していれば、やがて皇室の永続は危うくなろう。

それを他人事《ひとごと》でなく自分事《わがこと》として切実に受けとめ、実行可能な法改正に取りくむ決意と熱意が、関係者にも一般有志にも求められている。

皇位継承の原則を直宮家も旧宮家も踏襲

戦後の新「皇室典範」は、明治以来の旧典範を引き継ぎ、（イ）皇位継承者は「皇統に属する男系の男子」に限定し、（ロ）天皇も皇族も「養子をすることができない」と禁止し、（ハ）皇族女子には一般男性と婚姻したら「皇族の身分を離れる」ことを法的に強制している。

このような制約を原則としたのは、当時いろいろ検討された結果であろう。しかし、その運用過程でいろいろ無理を生じ、適応困難になってきた事実を直視する必要がある。

とくに最も重要な（イ）は、二千年近い皇統史に照らして、可能な限り「男系の男子」を優先すべきだが、さりとて「男系の女子」まで排除したのは行き過ぎだと思われる。長らく容認されていた庶子が新典範で否定されており、一夫一婦で必ず男子を確保し継承することは容易でない。

しかも、典範では継承者を「男系の男子」に限定するのみならず「長系の長子」を優先することが原則とされている。それを分家にあたる直宮家の相続でも同様にされてきたのは、皇室の一体性を保つために当然であったかもしれない。

しかし、たとえば昭和天皇の弟君の秩父宮と高松宮の両家は御子がなく絶家となっている。また三笠宮家は、立派な三男二女に恵まれたが、三親王は父君より先に薨去され、二内親王は民間の名家に入って皇族でなくなり、残る孫世代は全員女王だから、現行法のままならば、早晩絶家とならざるをえない。

さらに、昭和二十二年（一九四七）十月、皇籍離脱を余儀なくされた十一宮家の人々は、皇族身分でなく一般国民の自由な立場となったにも拘わらず、皇室の方々に倣って、各家の相続は嫡長子系男子を原則としてきた。

そのため「旧十一宮家」といわれるが、既に①東伏見家（当主は戦前薨去、同夫人も戦後他界）、②梨本家、③山階家、④閑院家は早く絶家となった。また令和六年（二〇二四）六月現在、⑤伏見家には、博明氏（92）に三女子があり、⑥北白川家には、道久氏（六年前他界）に三女子があるけれども、養子を迎えて相続されなければ、やはり絶家となろう。

それに対して、⑦久邇家には、邦昭氏（95）に男子があり（邦昭氏の弟もいる）、⑧朝香家には、誠彦氏（80）に男子がある。また⑨東久邇家には、信彦氏（五年前他界）に男子があり（信彦氏の弟もいる）、⑩竹田家では、恒正氏（83）に男子がある（恒正氏の弟も二人いる）。さらに⑪賀陽家には、長男邦寿氏の他界後、三男章憲氏の長子正憲氏（63）

が祭祀を継承している。従って、男子で相続が可能なのは、僅か⑧以下の四家しかない状況にある。

課題を放置し先送りすれば解決は益々困難

宮家皇族の激減は、新典範施行当時から不可避とみられており、それが半年後に現実となった。これを深刻な課題と認識すれば、何とか五年後（昭和二十七年四月）の講和独立を機に、旧宮家の皇籍復帰措置をとるべきであった。当時ならば、各家の方々に皇族として生まれ育った自覚と信望があり、その皇籍復帰を国民の多くも理解し賛同したであろう。

しかし、それを放置して七十年以上も先送りする間に、十一家は半数以下となり、その子や孫の世代で皇室に入ることは、おそらく至難であろう。政府案にいう「養子として皇族になる」ような適任者をえられるかどうか、関係者は具体的に検討すべきであろう。

（令和六年六月十五日記）

〔十七〕ある中世史家の曖昧な「象徴天皇」論再考

今谷明氏（昭和十七年生まれ）は、京大で経済学と史学を修め、「室町幕府解体過程の研究」で学位を得た有名な中世史家である。

しかも、一般向けの新著などを次々と著して、戦国期の天皇は権力を越えた「象徴的存在」ながら、その権威ゆえに、世俗的な執政者などに「箔を付ける」ような役割を果たしてきたことを、日記や文書などで論証し、かなり注目を浴びてこられた。

『象徴天皇の発見』の論述は不確か

その代表作が『象徴天皇の発見』（平成十一年、文春新書）である。全七章の論点は多岐にわたり、博識をちりばめられているから、読み物として面白い。

ただ、テーマの「象徴天皇」について明確な定義が見当たらず、僅かに終章の末尾で、天皇は「不執政であるからこそ、いざという場合……時の権力者に正当性を与えることのできる高い権威を持ってきた」と総括されているにすぎない。

本書の第四章によれば、平安前期の嵯峨天皇（七九六～八四二）は、在位中（十四年）「カリスマ性を備え」、譲位後（十九年）も「実質的な院政をしいた」とある。

ところが、その崩御後から、藤原氏北家の「良房は娘明子を文徳の後宮に入れ」、嫡子の「幼児惟仁（のち九歳で清和天皇）を皇太子に立て」る際、「幼帝」に「資質・能力は全く問われていない」から、「象徴として、鎮座ましましているだけでよいという……象徴天皇の登場をつげた」とみる。

有識者ヒアリングの公述も不確か

この今谷氏は、平成二十四年（二〇一二）二月、政府（野田佳彦内閣）の「皇室制度に関する有識者ヒアリング」でも、令和三年（二〇二一）四月、政府（菅《すが》義偉内閣）の「皇室典範特例法案附帯決議」に関する有識者会議ヒアリングにおいても、持論を公述された。

後者によれば、「天皇家が……権威的存在となったのは……平安時代の前期で……嵯峨天皇（上皇）の晩年、だんだん政治をされなくなって……藤原緒嗣……が徐々に執政するようになってきた」という。しかし、これは前掲の同氏見解と少し矛盾する。近年の研究では、嵯峨天皇（上皇）と藤原冬嗣・良房の連携も、文徳・清和両天皇などの治績も評価されている。

ところが、同氏は「平安時代の前半に、こういうことが制度的にきっちり固まって、政治は藤原氏あるいは源氏以下の征夷大将軍（が行い）、天皇は一切政治をなされない……

体制になった」と公言されている。しかし、平安中後期以後も、すべて天皇が「一切政治をなさらな」かったわけではない。

「象徴天皇」と仰がれる本質的な要件

そこで、あらためて「象徴天皇」の要件を考え直してみると、現行憲法にすら、まずA「皇位は世襲のもの」つまり大和朝廷以来の血縁子孫（皇統に属する皇族）のみが継承し、またB天皇は「日本国の象徴」（代表者）であり、「日本国民統合の象徴」（中心者）という唯一無二の役割をもち、さらにC「皇室経済法」の定める「皇位とともに伝わるべき由緒あるもの」として「三種の神器」などを受け継ぐことになっている。

このうち、Bの役割を果たすため、多くの天皇は、①幼少時から学藝・仁徳の修得に励み、②祖先と全国民のため伝統祭祀の斎行に努め、③国事の最終決定に携わってこられた。それは人と時によって名目的な場合も実質的な場合もあるが、①の資質により②と③を担われたからこそ、格別な権威を保ちえてきたのだと思われる。その天皇を単なる「不執政（飾り物）」とみることは当たらないであろう。

（令和六年七月八日記）

〔十八〕天皇・皇族の行幸啓と公務の分担

象徴天皇の地位は「主権の存する日本国民の総意に基づく」と現行憲法に定められている。当面これを前提にして考えるほかないので、天皇は常に「国民の総意」に理解を得られるような「公的行為」に努められる必要があろう。

その具体的な主要例は、国内外へのお出ましである。とりわけ現在〝四大行幸〟と称される（イ）全国植樹祭・（ロ）国民体育大会・（ハ）全国豊かな海づくり大会・（ニ）国民文化祭は、可能な限り皇后も同伴され、その機会に近辺要所の視察も行われる。

このうち、（イ）は昭和二十五年（一九五〇）から、（ロ）は同二十一年から行われ、（ハ）は平成の天皇が皇太子の昭和五十六年（一九八一）から、（ニ）は同様に同六十一年から始まった。（イ）（ロ）はもちろん、（ハ）も（ニ）も令和の天皇に引き継がれている。

わがふるさと岐阜県への四大行幸

たとえば、わが郷里の岐阜県へは、（イ）として昭和三十四年（一九五九）四月と平成十八年（二〇〇六）五月、また（ロ）として昭和四十年九月と平成二十四年九月、ついで（ハ）として平成二十二年六月、さらに（ニ）として平成十一年十月に両陛下の行幸啓があり、今秋十月にも（二）の二周目のお出ましが予定されている。

このうち、（イ）の初回が郷里の自宅に近い谷汲山《たにぐみ》（現揖斐川町内）で催されると聞き、高校進学早々の私（十七歳）は、友達と沿道で両陛下を垣間見る《かきま》ことができた。それまで皇室に関心のなかった私が、車窓から御手を振られる両陛下の温顔に魅了され、不思議な感動を覚えた一瞬である。

その時お手植えされた杉と檜は、幸い順調に生育した。それを昭和五十一年（一九七六）岐阜市で開催の全国献血推進大会に行啓の皇太子・同妃両殿下が、谷汲で枝打ちをご覧になった。これを機縁として、翌年から全国育樹祭が始められた。親の世代に植えた樹を次の世代が育て上げていくような文化継承の在り方には、学ぶべき智恵がこめられている。

成年皇族みんなで多様な公務分担を

天皇・皇后は、このような全都道府県で持ち回りの行事をはじめ、国家・国民のために年間数十回お出ましになる。それに次いで多いのは、皇太子（今は皇嗣）・同妃であり、さらに他の成年男女皇族たちも、様々な公務を分担し、皇室と国民の懸け橋になっている。

ところが、現在その皇族は、天皇・皇后および皇嗣・同妃より若い方が七名にすぎない。そのうち、男性は今年九月に成年となられる悠仁親王のみであり、未婚の女性五名は、現行の「皇室典範」により、一般男性と婚姻すれば、皇籍を離れなければならない。

それゆえ、目下必要な方策は、皇族女子が今後結婚しても皇族の身分に留まり、皇室の公務を分担しうるようにすることである。また、その女子を当主とする宮家の夫も（皇族男子と結婚して妃となる一般女子と同様に）皇族の身分とすることである（もしも入夫が国民のままでは皇族として公務を分担することができない）。

この二点を法的に可能とすれば、今上陛下（六十四歳）が仮に二十六年後（二〇五〇）ころ高齢（九十歳）を理由に譲位されても、十名前後の成年男女皇族により皇室の公務分担を維持できるのではないか。

また、内廷の愛子内親王は、新設宮家の当主として御両親を助けられ、さらに秋篠宮家の内親王も三笠宮・高円宮両家の各一方も、当宮家を相続して天皇と皇嗣・悠仁親王を支えられることができよう。


（令和六年七月二十一日記）

〔十九〕皇位継承者の要件は「皇統に属する皇族」のみ

「皇族数の確保」方策に関する国会の与野党協議は、七月に入り殆ど報じられなくなった。七年前からの「先送りできない課題」を、一体いつまで棚晒しするのだろうか。けだし、その合意形成が容易でないのは、皇族女子が結婚後も皇室に留まれるようにすれば、やがて女性天皇から女系天皇まで生まれる道を招くことになるにちがいない、と思い込み言い張る論者の圧力が強いためだろうとみられる。

古来の「皇儲」は「皇統に属する皇族」

そこで、皇位継承者である本質的な必須要件は何かを端的に申せば、それは「皇統に属する皇族」身分にある方々、というに尽きる。もっとも、従来その皇族は男性が大多数であり、男子優先であった史実のもつ意味は大きい。しかし、さりとて女性天皇が八方十代おられた史実も意味があり、無視してはならない。

何度も指摘してきたが「大宝（養老）令」にも公認されていた「女帝」である称徳天皇の御前で、宇佐八幡へ赴き神託の真偽を確かめてきた和気清麻呂（37歳）による復奏は、『続日本紀』に次のごとくみえる（丸括弧内は『日本後紀』清麻呂薨去伝により補う）。

我が国家は開闢《かいびゃく》以来、君臣〔の分〕定まりぬ。臣を以て君と為すこと、未だこれあらざるなり、天つ日嗣は必ず皇緒を立てよ（続けよ）。無道の人（道鏡、悖逆無道）は宜しく早く掃除すべし。

これによれば、わが国で大昔から定まっているのは「君臣の分」（君主と臣下の区別）であり、道鏡のような臣下を君主にした例はないから、「天つ日嗣」（皇位）には必ず「皇緒（儲）」を立てなければならない。つまり皇位継承者は皇統に属する皇族のみであって、君臣の分別を乱さぬことこそ重要とされる。しかし、皇族女子を否定してはいない。

国体学者の改正案と社研重鎮の逆説

ところが、近現代に入り旧新の『皇室典範』は、皇位継承者を「皇統に属する」だけでなく、「男系の男子」に限定した。それは相応な理由があったにせよ、この原則で皇位を永続することは難しい場合の例外も認めておく必要があろう。

そう考えて、既に昭和三十年代から『萬世一系の天皇』『憲法・典範改正案』（共に錦正社）を公刊したのが、「日本国体学会」の創立者里見岸雄博士（一八九七～一九七四）である。同氏によれば、天皇は古来の「家系・血統」を継いでいると共に、道義的・精神的な「統治」（しらす）任務を果たされる特定の御方である。そこで、現行の典範を改正して「皇位は万世一系の皇統に属する皇族によって継承される」とした上で、その継承として「皇族男子の無い時は、皇統に属する皇族女子」をあげている。

一方、典範改正論議の始まった平成十七年（二〇〇五）、『「萬世一系」の研究』（岩波書店）を出版したのは、東大の社会科学研究所で長らく重きをなした奥平康広教授（一九二九〜二〇一五）である。同氏は新典範制定時の「想定問答」を逆手に取り、「皇族女子が天皇に就任し、独身にとどまることなく民間人から夫をむかえて入り婿（皇婿＝皇夫）とするというばあいには、両者に生まれた子孫は、男性たる夫の氏姓を名乗るのが当然だから、異姓＝他姓となる（ので）……皇統が途絶えたことになる」（一三六頁）という。

しかし、これは意図的な誤解であろう。皇室には昔も今も「姓」（今の家名）がない。従って、民間女性が皇籍に入れば俗姓が無くなり、もし皇族女子の宮家に民間男性が入夫となれば同様に俗姓が無くなるから、その子孫にも姓は無いのである。

（令和六年七月二十三日記）

〔二十〕天皇主催・成年皇族参列による「園遊会」の在り方

上皇・上皇后両陛下の卒寿を祝う音楽会

七月末現在、皇室の方々がそれぞれお健やかであられることは、まことにありがたい。とりわけ七月十日、皇居東御苑の桃華楽堂において催された上皇・上皇后両陛下の卒寿(九十歳)をお祝いするコンサートのハイライトをテレビ・新聞などにより拝見して、ほのぼのと温かな安らぎを覚えた人が多いのではなかろうか。

その貴賓席を見ると、前列の中央に向かって左から上皇后・上皇両陛下、天皇・皇后両陛下が並ばれ、後列に元皇女の黒田清子様と夫の慶樹様、皇嗣の秋篠宮・同妃両殿下、その右に皇女の愛子内親王と従姉の佳子内親王が並んでおられる。

これは基本的に既婚者のお二人を一対とし、若い未婚者を一緒にして、寛(くつろ)ぎやすく工夫されたのであろう。それが自然であり、微笑ましい印象を醸し出すことになったのだと想われる。

皇室行事参列者は成年皇族が原則

このような皇室の儀式行事に参列できるのは、明治以降「成年」の皇族が原則とされてきた。その年齢は、旧典範の第十三・十四条を承けて、現行の新典範でも第二十二条に「天皇、皇太子及び皇太孫の成年は、十八年とする」と定められており、他の皇族は従来どおり二十歳と解されている。

そのため、今上陛下は昭和五十五年（一九八〇）二月二十三日、また秋篠宮殿下は昭和五十九年十一月三十日、まだ皇太子でも皇嗣でもなかったから、他の皇族と同様、満二十歳で成年となられて以降、皇室行事に参列されている。

この原則に従って、皇女の愛子内親王は、令和三年（二〇二一）十二月一日、満二十歳で成年を迎え、五日に皇居・宮殿で「宝冠大綬章」を親授される成年行事に臨まれた。ただ、学習院大学在学中のため、公式行事への参列を控えられ、同五年の正月二日「新年祝賀」の一般参賀に出られたのが初舞台となっている。

その一般参賀では、天皇陛下（64）を中心として、向かって右側に皇后陛下と愛子内親王、その隣に秋篠宮・同妃両殿下と佳子内親王が立たれた。これも、いわばファミリーの纏まりを重視されたものといえよう。

天皇主催の園遊会もファミリー単位が望ましい

皇室行事のうち、毎年正月二日と「天皇誕生日」の一般参賀と共に注目されるのが、春と秋の「園遊会」である。宮内庁のＨＰによれば、「天皇皇后両陛下は……各界功労者とそれぞれの配偶者約二〇〇〇人をお招きになって……皇嗣同妃両殿下はじめ皇族方が出席される……」と説明してある。

その園遊会に、今年の九月六日で満十八歳となられる高校三年生の悠仁親王も、一昨年の令和四年四月から施行された改正民法を準用し、秋の園遊会に成年皇族として参列なさるといわれている。

それは、もし大学受験準備に支障がなければ、実現されるほうがよいと思われる。ただ、その場合、赤坂御苑の高台にどのような形で立たれるのか、すでに週刊誌などの話題となっている。しかし、それを悠仁親王が先か愛子内親王が先か、というような議論にしてはならない。現在の内廷皇女も次代の皇嗣長男も、比較などできない重要な役割を持つ特別な存在だ、という認識を共有する必要があろう。

そこで、あえて一試案を申せば、園遊会でも、内廷と皇嗣家ごとに纏って並ばれ、それぞれに仲の良い姿を示されることが望ましいのではないか。お招きを受けた参会者へのお声かけも、各ファミリーごとに手分けして行われたらよいのではなかろうか。

（令和六年七月三十一日記）

〔二十一〕皇室典範特例法「附帯決議」有識者ヒアリング公述所見

〔解　説〕

日本の皇室は、『皇統譜令』（昭和二十二年、政令）に基づく『皇統譜』によれば、「皇統第一　神武天皇」から令和の今日まで一二六代続いている(1)。しかし、近代以前には、「臣民」の上に立つ天皇・皇族の在り方を規定する成文法は殆ど無かった(2)。皇位継承の方法など重要なことも、慣例と時宜によって弾力的に運用されてきたのである。

一　明治「皇室典範」の「増補」「準則」による改正

それが近代に入ると、西洋の王室に倣って皇室の在り方を法制度化することになり、明治十年前後の元老院編『国憲按』(3)などを経て、同二十二年（一八八九）『皇室典範』と「帝国憲法」を二大根本法とする〝典憲体制〟が勅定されるに至った。

その明治「皇室典範」（以下、旧典範）は、政府・議会から独立した皇室の家法であったが、最後の第六十二条に次の規定を設けている（句読点・濁点を加えた）。

将来此ノ典範ノ條項ヲ改正シ、又ハ増補スベキノ必要アルニ当テハ、皇族会議及枢密顧問ニ諮詢シテ、之ヲ勅定スベシ。

この典範は「永遠ニ伝ヘ皇室ノ宝典ナリ」[4]と確信しながら、将来の変化を見据えて、その本文を「改正」することも「増補」することもできるようになっていたのである。

事実、明治前半に一代限りで次々設立された伏見宮家系の新宮家が、この典範で永世に亘る皇族とされたので、次第に皇族数が加増して、品位の保持も経費の負担も懸念されるようになった。そこで、同四十年（一九〇九）から、親王に次ぐ王は、勅旨か当人の情願に依り「家名ヲ賜（リ）、華族ニ列セシム」との「皇室典範増補」が施行されている。

しかし、永世宮家の「王」から「華族」への降下を願い出た例は極めて少なく、皇族数が増え続けた。そのため、大正九年（一九二〇）、「皇族ノ降下ニ関スル施行準則」が「内規」として裁定された。これによって、伏見宮邦家親王（一八〇二～七二）の四親等以内を除く五世代の王から、成年（二十歳）に達したら順次華族に列することになった[5]。つまり、邦家親王の玄孫以降は、その長子孫の系統でも皇族ではないことにして、漸次削減をはかることにしたのである。

二　戦後「皇室典範」の過度な規制と放置

この旧典範は、戦後の昭和二十二年（一九四七）五月に廃止された。それに代わって、「日本国憲法」のもとで、法律としての「皇室典範」（以下、新典範）が施行された。ただ、主要な条文は、旧典範を受け継いで、左の如く定められている。

第一章　皇位継承　第一条／皇位は、皇統に属する男系の男子が、これを継承する。
第二章　皇族／第九条　天皇及び皇族は、養子をすることができない。
第十二条　皇族女子は、天皇及び皇族以外の者と婚姻したときは、皇族の身分を離れる。

これによって、㋑皇位を継承できる皇族は、「皇統に属する男系の男子」に限定され、㋺天皇も男女皇族も「養子」縁組を禁止され、㋩皇室に生まれ育った「皇族女子」は、一般男子と婚姻すれば皇籍を離れることを強制される。その上、皇族は正室所生の「嫡出」に限定（側室所生の庶子を否定）されている（第六条）。これは過度な規制といわざるをえない。

しかも、GHQが皇室の弱体化を意図して皇室財産の凍結解体を指令したことにより、傍流の十一宮家（男性二十六名、女性二十四名）は、同二十二年十月、皇籍を離脱せざるをえなくなった(6)。

それによって、昭和天皇の内廷と同母弟の直宮《じきみや》（秩父宮・高松宮・三笠宮）三家は何とか残ったが、皇族の総数は激減したのである。

それゆえ、皇族数を回復するためには、昭和二十七年（一九五二）四月の講和独立を機に、当時まだ皇族の自覚を持つ方の多かったであろう旧十一宮家の皇籍復帰をはかる法的措置をとるべきであったと思われる。

また、旧典範が容認していた側室は、昭和天皇が皇太子時代の成婚時に否定されており、戦後の日本では許容されない。それが前提であるにも拘わらず、旧典範を引き継いだ新典範の㋑㋺㋩の規定を固守することは、益々困難となることが予想できたとすれば、それを緩和する（原則は残しても例外を認める）べきであったと思われる。

しかしながら、そのような動向は、管見の限り確認できない。

三　平成後半からの新典範改正への取り組み

こうして新典範は、施行から五十年以上放置されてきた。その間に、昭和三十四年（一九五九）、皇太子明仁親王が美智子妃と結婚して、幸い二男一女を儲けられた。

それから三十年後（一九八九）平成の天皇となられ、長男の徳仁親王が皇太子に立たれた。そして同五年（一九九三）雅子妃と結婚されたが、その間に御子を儲けられたのは八年後（二〇〇一）であり、しかも皇女のため、新典範㋑により皇位を継ぎえないことが深刻な問題と意識されるようになった。

そこで、ようやく平成十七年（二〇〇五）初めまでに、小泉純一郎内閣が設けた「皇室典範改正準備室」で丹念に収集した関係資料(7)を活用しながら、有識者会議が一年間余り開かれた。当時としては、皇太子のもとに皇子の誕生を困難とみて、次代からの皇嗣（後継皇族）は男女を問わず第一子を優先する、という結論を答申したのである。

その翌春、それを法案として提出直前、秋篠宮家の紀子妃に懐妊が確認され、九月に長男の悠仁親王が誕生された。その結果、新典範の改正は棚上げされ、皇位は二代先まで男系男子で続くから何もしなくてよい、と錯覚されがちになった。

しかし、一方で新典範の㋩により、同十七年十一月、皇女清子内親王が黒田慶樹氏と婚姻して皇籍を離れられ、その後も皇族女子（内親王・女王）が結婚を機に皇室を出ており、これを放置すれば、皇族としての公務分担も不可能になる恐れがある。

そのため、同二十四年（二〇一二）野田佳彦内閣において有識者ヒアリングが行われた。ここで、皇族女子が結婚後も皇室の公務を分担しうる道を開こうとしたが、その報告案は政権の交替により立ち消えとなってしまった。

丁度そのころから、八十歳近い平成の天皇は、超高齢化して「象徴としてのお務め」を続けることが難しくなることを自覚され、元気なうちに皇太子への譲位（退位）を決意して、同二十八年（二〇一六）その意向をビデオメッセージで一般国民に伝えられた。それに対して大多数の人々が理解と共感を示したのである。

そこで、政府は〝終身在位〟を前提としている新典範の例外措置がとれるのかどうか、あらためて有識者会議を立ちあげ、「高齢」を理由として「退位」を可能にする「特例法」を作った。それが国会で全与野党による協議を経て合意され、成立するに至った(8)。ただ、その際、「皇位継承を確保するための諸課題、女性宮家の創設等」について「先延ばしすることはできない重要な課題」として、政府が検討した上で、その結果を国会に報告することを求める「附帯決議」が作られた。

そのため、「特例法」に基づく「退位の礼」が行われてからであるが、令和三年（二〇二一）政府（菅義偉《すがよしひで》内閣）で有識者ヒアリングが行われた。その答申に基づく政府案が翌四年正月、国会に報告された。それが新型コロナ禍などで先送りされ、ようやく今年（二〇二四）、衆参正副議長のもとで全与野党が協議を重ねている。

このような四回の会議で、私は法制文化史の研究者として管見を述べる機会を与えられた。その最後の「有識者ヒアリング」において公述した所見が、ここに掲載する記録である（あらかじめ用意して読み上げた拙稿に、一部修訂を加えた）。

なお、当面の政府案は「皇族数の確保」方策に特化されている。その関係情報などを垣間見ながら書き綴った所見は、その都度ホームページに掲載してきた。もし併せて御一覧いただけたら幸いである(9)。

〈補注〉

（1）『皇統譜』は、天皇・皇后の「大統譜」とそれ以外の方々（親王・同妃、内親王、王・王妃）の「皇族譜」から成る、大正十五年（一九二六）公布の旧「皇統譜令」（皇室令）を受け継いだ昭和二十二年（一九四七）施行の新「皇統譜令」（政令）に基づいている。その「大統譜」冒頭は、「世系第一　天照皇大神」から始まり「皇統第一　世系第九　神武天皇」を初代とする（原本は宮内庁所蔵）。

（2）ただ、八世紀初め以来の「令」では、「臣民」と関係する位階（品位）・後宮（女官）・継嗣（世限）・儀制（称号）などは規定されている。その「継嗣令」によれば、「王」（天皇の孫以下）でも「皇」（天皇）に即くと、その「兄弟・皇子」（姉妹・皇女も含む）を皆「親王」（内親王）と為すとし、その本注（本文と同様の効力を持つ注記）に「女帝ノ子亦同ジ」とある（この原注に相当する規定が、皇帝も姓を有し男系継承を絶対視する中国の唐令にはない）。

（3）元老院編『国憲按』は、明治九年の一次案も同十三年の四次案も「女王（女統）入テ嗣グ」ことを容認している。また同十八年までに宮内省立案の『皇室制規』でさえ「皇統中、男系絶ユルトキハ、皇統中、女系ヲ以テ継承ス」と提示している。それが間もなく井上毅・柳原前光の作成した『皇室典範草案』で、「皇位ハ、祖宗ノ皇統ヲ承ケ、男系ノ男子、之ヲ継承ス」と限定され、同二十二年（一八八九）制定されるに至った（拙稿「明治の〝女帝〟論議」『AURORA』十一号、平成十年→拙著『近現代の「女性天皇」論』第一章「明治前期の「女性天皇」論」展転社、平成十三年に詳述）。

（4）国家学会蔵版『帝国憲法・皇室典範義解』（初版明治二十二年）末尾に、「皇室典範、天皇立憲ヲ経始シタマヘル制作ノ一ニシテ、永遠ニ伝ヘ、皇室ノ宝典タリ」とある。

（5）拙著『皇室典範と女性宮家』第六章「「皇族降下の施行準則」解説」（勉誠出版、平成十四年）に詳述。

（6）念のため、昭和二十二年（一九四七）十月当時の十一宮家は、前記の準則によれば、伏見宮邦家親王の玄孫（特例四世）まで皇族たりえたが、次の五世からは当主も含めて全員臣籍（華族）降下することになっていた。

令和六年（二〇二四）六月現在、長男当主で男子孫があるのは、久邇邦昭氏（一九二九〜満95）、朝香誠彦氏（一九四三〜満80）、東久邇信彦氏（一九四五〜二〇一九）、竹田恒正氏（一九四三〜満83）である。それに対して男子はないけれども、女子があるのは、伏見博明氏（一九三二〜満92）、北白川道久氏（一九三七〜二〇一八）、賀陽邦寿氏（一九三二〜八六）の三弟章憲氏（一九二九〜九四）の長男正憲氏（一九五九〜満64）には二十歳代の長男と次男がある。しかし、これ以外は当主も代理もなく絶家となっている。

（7）この資料の多くは、平成十七年の「皇室典範に関する有識者会議」の報告書に添付され、官邸のホームページでも公開された（現在は国立国会図書館デジタルコレクションに移動）。その報告書の本文は拙著『皇位継承のあり方』（平成十八年一月、PHP新書）に付載した。

（8）拙著『象徴天皇〝高齢譲位〟の真相』（平成二十九年一月、ベスト新書）に詳述。

（9）http://tokoroisao.jp/　それを本年六月初め段階で一括整理（一部修訂）し「〝皇族数の確保〟方策に関する急務所見十五条」と題してHPに掲載した（本書の〔一〕〜〔十五〕）。

〔所　見〕

令和三年（二〇二一）四月二十一日　「天皇の退位等に関する皇室典範特例法案に対する附帯決議」に関する有識者会議　第三回

所功氏（京都産業大学名誉教授）からの意見陳述及び意見交換

皇室制度の問題について、私は平成十七年、二十四年、二十八年の有識者会議に招かれ、各ヒアリングで意見を述べさせていただいたことがある。ただ、今回も時間が限られているので、あらかじめ自分なりの考えを先に申し上げた後、こちらから示された全十問のお尋ねにお答えする、という形を取らせていただく。

まず第一に、安定的な皇位継承については、当面、男系の男子を優先して、男系の女子まで容認しておく必要がある、と考えている。

また第二に、皇族女子の在り方については、男子不在の内廷と宮家において相続も可能とし、公務を分担し続けていただく必要があると考えている。

ついで第三に、婚姻後の前皇族女子に関しては、天皇や皇族の公務を助けるため、内廷の職員として分担し続けられることが適当だと考えている。

さらに第四に、元宮家の男系男子に関しては、もし本当に適任者があれば、男子のない宮家の養子とすることも検討されたら良いだろうと思っている。

最後に、お尋ね以外のことであるが、このような改善策を実現するには、特例法のような形で、とりあえず補正措置をとれるようにするのが妥当だと考えている。

このような管見について、以下、お尋ねのあった十問に即して申し上げたい。4ページのレジュメを用意したが、少し端折って申し上げることを、ご容赦いただきたい。

資料「有識者ヒアリングの開催について」

1．ヒアリングの開催趣旨

有識者会議において、附帯決議の一において示された課題について、様々な専門的な知見を有する人々からヒアリングを実施し、有識者会議における議論の参考とする。

2．聴取項目（回答に引用しているので、問1～8省略）

問9．皇統に属する男系の男子を下記①又は②により皇族とすることについてはどのように考えるか。その場合、皇位継承順位についてはどのように考えるか。

①現行の皇室典範により皇族には認められていない養子縁組を可能とすること。

②皇統に属する男系の男子を現在の皇族と別に新たに皇族とすること。

問10．安定的な皇位継承を確保するための方策や、皇族数の減少に係る対応方策として、そのほかにどのようなものが考えられるか。以上。

まず第1問は、**天皇の役割や活動**についてどのように考えるかというお尋ねである。現在の天皇については、ご承知のとおり日本国憲法が、第一章を「天皇」とし、第一条に国家・国民統合の象徴という至高の位置付けと重大な役割を定めている。したがって、象徴天皇は、その役割を果たすために、日本の国家を代表して憲法に記される国事行為を行うとともに、国民統合の象徴にふさわしいことを公的行為としてお務めになるのみならず、国家・国民のために祈られる祭祀行為など、多様な活動を誠実に実践されている。

しかも、憲法の第2条に「皇位は世襲のもの」と定められているので、その役割と活動が代々の天皇により受け継がれ続いていく。それによって、日本国内だけでなく海外の人々からも信頼と尊敬を受けられる、という意義は極めて大きいと思われる。

次に第2問は、**皇族の役割や活動**についてのお尋ねである。皇族とは、現在の皇室典範の第5条と第6条などに定義がある。また第1条で、男系の男子たる親王と王は皇位継承の資格を有すると限定しながら、第十七条で、それ以外の成年皇族も「摂政」就任の資格が認められている。したがって、どの皇族も成年後は男女を問わず、天皇の公務を分担する立場にあり、事実、それを様々な形で果たされているとみられる。

また、現行の皇室経済法には、天皇に最も近い、いわゆる本家に当たる内廷の費用には内廷費を充てるとし、それ以外のいわゆる分家に当たる宮家の費用は皇族費で賄うとともに、皇室を離れる方にも「皇族としての品位保持の資に充てる」一時金を出すことなどが定められている。したがって、内廷の皇族も宮家の皇族も、それにふさわしい教養を身につけられ、品位を磨いて公務に励むことが期待されており、それを行っておられる。

次に第３問は、**皇族数の減少**についてどのように考えるか、というお尋ねである。皇族だけでなく一般の国民を見ても、晩婚化・少子化が急速に進んでいる。それでも、一般国民の場合は、女子であっても、養子に入っても、家職や家産を相続することができる。

しかし、皇族の場合は、現在の皇室典範によって、女子は一般男性との婚姻により皇籍を離れなければならず、また、皇族間で養子をすることができない、という規定になっている。そのために、後継男子のない宮家は早晩衰滅するほかない状況にある。

戦後の皇室典範では、一夫一婦制を自明の前提とするゆえに、側室も庶子も否定していることなどから、内廷でも宮家でも複数の男子を得ることが難しくなってきたのだと考えられる。

次に第4問は、皇統に属する男系の男子である皇族のみが**皇位継承の資格**を有し、また**皇族女子は婚姻に伴い皇族の身分を離れる**こと、としている現行制度の意義をどのように考えるか、というお尋ねである。

これらの現行制度は、旧皇室典範の原則を引き継いだものである。しかし、このような旧制を固守することには無理があって、維持困難な状況にあるとみられる。

念のため、明治の皇室典範と帝国憲法ができるまでの動向をみると、皇位継承の資格を男系男子に限らず、母系も女子も認めておく案とか、また側室庶子を認めるのは不適切だというような意見もあった。しかしながら、いわゆる男尊女卑の傾向が強い当時の日本では、男性の上に「女主」を推戴し難いとか、また男子を確保するには側室も否定し難い、というような主張が通り、成文化されるに至ったのである。

それに対して戦後は、日本国憲法で一般国民に男女平等を定めても、特別身分の皇族に関しては、皇室典範で皇位継承の資格を男系男子に限定するような行き過ぎた規制を設けており、これは少し緩和する必要があると考えられる。

次に第5問は、**内親王あるいは女王に皇位継承の資格を認める**ことについて、どのように考えるのか。その場合、皇位継承の順位についてどのように考えるのか、というお尋ねである。

歴代の皇位は、皇統譜の大統譜によると、神武天皇以来ほとんど男系男子により継承されてきた。しかし、第三十三代の推古女帝が擁立されており、また、大宝元年成立の継嗣令には、男帝を前提とする規定の本注に「女帝の子亦同じ」と定めている。つまり、男性天皇を優先しながら、女性天皇もその結婚も公認していたのである。ただ、実際に即位された八方十代の女帝は、寡婦か未婚で独身を通されたから、当代限りで終っている。

したがって、万一の事態に備えるために、男系男子限定を改めて、男系男子を優先しながら、男系女子まで公認することは可能であり、また必要だと考えられる。

その継承順位については、現行典範の第2条を準用して、長系を先にし、同等内では男子を先にし女子を後にすることが、当分穏当だと思われる。

次に第6問は、**皇位継承の資格を女系に拡大する**ことについてどのように考えるのか。その場合、皇位継承の順位についてはどのように考えるのか、というお尋ねである。

皇位継承の資格は、天照大神を皇祖と仰ぎ、神武天皇を皇宗と伝える子孫のうち、皇族の身分にあることが本質的な要件であり、生物的な男女別は派生的な要素とみられる。

ところが、歴史的には、古代中国の儒教などが絶対視する父系、つまり男系尊重の思想的な影響により、その継承は皇宗以来いわゆる男系で一貫しており、大部分が男子である。このような千数百年以上にわたる慣習は、当分重視する必要があり、皇位継承の資格を今の段階で女系にまで拡大すれば、不安や混乱を招くおそれがあると思われる。

次に第7問は、**内親王・女王が婚姻後も皇族の身分を保持する**ことについてはどのように考えるか。その場合、配偶者や生まれてくる子を皇族とすることについてはどのように考えるか、というお尋ねである。

この点、現行の憲法と皇室典範の下では、皇室費の受給対象となる皇族と、婚姻により皇族を離籍して一般国民となる人々が峻別されている。したがって、今までどおりならば、内親王・女王が婚姻後も皇族の身分を保持することは原則としてできない。

とはいえ、皇族数の減少により、皇族としての公務を分担することが困難になりつつある現在、皇室で生まれ育って培われた品性を保つ方々が、公務を支援できるようにする方策は、当然必要だと思われる。

とりわけ、現に皇族女子として重要な内廷におられる皇女の敬宮愛子内親王殿下は、今年十二月に成年の皇族となられるから、公務を分担されることが多くなるであろう。この敬宮さまは、結婚されても皇室に留まられ、御両親の両陛下を支えられるようにする必要がある。それは皇位を継承されるためでなく、当代の天皇を最も身近で助けられるためであり、やがて叔父である秋篠宮文仁親王殿下から、従弟である悠仁親王殿下へ継承される天皇の公務を皇族として支え続けられるようにするためである。

その場合、皇女の夫君となられる方と、そのお子さんも、同一の家族であることから、皇族の身分を認められるのが自然だと思われる。その方々は、皇位継承の資格を原則的に有しないと定めておけば、いわゆる女系にならない。

また、男子のない現存の宮家においても、皇女に準じて、お一方は当家を相続するために皇族として残れるようにしておく必要もあると考えられる。

次に第8問は、婚姻により皇族の身分を離れた**元女性皇族が皇室の活動を支援する**ことについてどのように考えるか、というお尋ねである。（※以下「元」を「前」に直す）

前に問7で述べたとおり、現行の典範に従って、皇族女子で既婚の前皇族、及びこれから結婚して離籍される方々にも、皇室の活動を支援してもらう必要性はあると思われる。ただ、その称号は「前皇族」とか「前内親王」「前女王」で良い。それらの方々に対して、天皇の息女のみを指す「皇女」という用語をむやみに拡大乱用することは認められない。また、その位置付けは、前皇族として天皇のもとでお手伝いをさせていただく内廷の職員とすることがふさわしいと考えられる。

次に第９問は、皇統に属する**男系の男子（今は一般国民）を、下記①又は②により皇族とする**ことについてどのように考えるか、というお尋ねである。その①は、現行の皇室典範により皇族には認められていない養子縁組を可能にすること。その②は、皇統に属する男系の男子を現在の皇族とは別に新たに皇族とすることとある。

皇統に属する男系の男子でも皇族の身分にない人々は、広い意味なら数多くおられる。ただ、ここでは狭い意味での、戦後一斉に皇籍離脱を余儀なくされた十一宮家の人々を指すのだとしても、その現存男子孫は一般国民として生まれ育った人々が大部分である。したがって、①により、そのような旧宮家の若い男子を、身分も環境も異なる皇室へ迎えられるようにして、継嗣のない宮家の養子とすることは、国民の平等を定める現行憲法に照らして、当家・当事者の立場も考えれば、極めて難しいと思われる。

まして、②により、現在の皇族とは別に新たな皇族を作るようなことは、皇統の分裂を連想・誘発させるおそれがあることから、絶対にあってはならないと考えている。

とはいえ、①の養子縁組案は、もし狭義の男系男子孫の中に現皇室へ迎え入れられるにふさわしい適任者が現われるならば、関係者と皇室側に十分な了解を得られる可能性があるかどうか、内々に検討されることを見守るほかないと思われる。

ただ、万一そのようにして皇族となり得る男子がおられても、いわゆる一夫一婦制により、必ず男子を得て相続できるとは限らないということを、考慮しておく必要があると思われる。ちなみに、旧十一宮家では、一般国民となってからも男子相続を固守するうちに、既に継嗣不在により半数以上が絶家となってしまった。そのような事実も直視しておかなければならないと思われる。

最後に問10は、安定的な皇位継承を確保するための方策や、皇族数の減少に係る対応方策として、その**ほかにどのようなものが考えられる**か、というお尋ねである。

現在の皇室は、憲法の定める象徴世襲の天皇を中心として、男女の皇族たちで構成される特別な法的家族集団である。したがって、その主要な法律は、実際に皇室を担っておられる天皇と皇族たちが、末永く存続し活動されることの可能なものでなければならない。その法的規制が厳し過ぎて実情に合わないのであれば、それを適切に緩和するなど、徐々に改善する努力を続ける必要があると思われる。

そのためには、今回のような特例法の附帯決議に応えて設けられた有識者会議での検討報告に基づいて、何らかの改善策が政府と国会で協議し制定されるならば、その途中か、又はそれを実施するに先立って、皇室の方々に理解、ないし了解を得るため、皇室会議の議を経る必要がある。

それのみならず、皇族と三権代表で構成される皇室会議は、今後とも皇室の在り方について常に検討を加え、改善案などを提唱できるような権威・権限のある場として運用されることが望ましいと思われる。

結びとして、最後に申し上げたいのは、今回お尋ねの範囲を超えることかもしれないが、戦後七十余年間に生じた皇室制度の諸問題に対する改革を、一挙に解決することは難しいと思われる。

そうであれば、当面は大多数の合意可能な改善策による法改正を速やかに実現し、その後も検討を続けながら、状況の変化に応じて改善を重ねる努力が必要であろうと思われる。

具体的に申し上げれば、今回も皇室典範の原則を残したまま、当分必要な改善策を特例法のような形で可能な限り早く実現することが、今のところ望ましいと考えている。

〔意見交換〕

有識者会議メンバーと所氏との間で、次のような質疑応答（Q&A）があった。

Q　男系女子まで皇位継承資格を認めるという考え方に対しては、抜本的な皇位継承の安定化にはつながらない、やはり**女系まで認めることが安定した皇位継承につながる**のではないか、という意見もあるが、それをどのように考えるか。

A　今おっしゃったような意見が何人かによって述べられていることは承知している。ただ、大事なことは、法的制度と皇室の関係は、皇室におられる方々が実在してこそ制度も成り立つ。そういう意味で、現に今上陛下の次に皇嗣の秋篠宮殿下がおられ、更に長男の悠仁親王がおられるから、よほどの事態が生じない限り、二代先までは男系男子で続いていける。

とはいえ、今から考えておくべきことは、悠仁親王が結婚されて、お子様をなされるということについての配慮である。もし今の規定どおり男系男子が続けられるような男子が三代先に生まれられれば、それで良いわけである。

けれども、悠仁親王の結婚相手は必ず男子の生めるような方を求めなければならないという制約の下で、果たしてそれが可能なのかどうか。おそらくお妃探しは数年先に始まるとすれば、やはり当面は男系男子で行けるにせよ、三代先については、もし女子だけしかお生まれにならなくても、その方にお継ぎいただけるような余地というか、可能性を開いておかないと、先が見通せないと思われる。

もちろん、この先どうなるかは、実のところ誰にも分からない。とはいえ、男系男子がおられたら安心かというと、たとえば、三笠宮家の場合、立派な男子がお三方おられたにもかかわらず、お父君より先に亡くなってしまわれた。そういうことが、この医学・医療の進歩した現代でも起きていることを忘れてはならない。

必ず男子が得られることを前提にして、男子だけで継ぐという規定を続ける限り、万一の事態に対処し難くなる、ということを考えての意見である。

Q　結びとしておっしゃった、実現可能なものとして、**当面必要なものを改正しておく**というのは、女性皇族が宮家を継ぐ、あるいは内廷におられる方は引き続き皇室に残られるという可能性を残しておくべきだ、という趣旨でよいか。

A　そうである。今のところ、皇位継承の有資格者について、二代先まで見通しが立つことはありがたい。ただ、それを支えられる皇室内の方として、一番大事なことの一つは、今上陛下の内廷に唯一皇女として敬宮愛子内親王がおられるにもかかわらず、今のままでは結婚されたら皇室を出られるほかないことになる。皇籍を離れられてからでも、なお皇室の公務を手伝っていただく余地はあり得るが、しかし、皇室の中におられる方と外へ出られた人では、明らかに身分が異なる。

そういう意味で、現行制度の大筋を維持しながら、やはり皇女の敬宮愛子内親王は、結婚されても皇室に皇族として留まられ、御両親を身近に支え続けられる。さらに、やがて叔父様や従弟に当たる方も支えていかれる、ということを可能になるようにすることが望ましいと考えている。

（内閣官房公式ホームページに掲載された議事録を一部修訂）

〔資　料〕

有識者ヒアリングにおける論述要旨（配付資料）

（京都産業大学名誉教授）所　功

※あらかじめ用意したもので、当日の公述所見と重複するが、参考までに付載する。

はじめに―**管見の要点**―

皇室制度の問題について、私は平成十七年・二十四年・二十八年の各有識者会議ヒアリングで管見を述べさせて頂いた。ただ、今回も限られた時間しかないために、あらかじめ管見の要点を列挙する。

（イ）安定的な**皇位継承**に関する対策

現行：「皇統に属する男系の男子」に資格を限定する。

改善：**男系の男子を優先し、男系の女子まで容認しておく。**

（ロ）**皇族女子**の在り方に関する対策

現行：一般男性との婚姻により皇籍を離れる。

改善：男子不在の**内廷と宮家の相続も可能として公務分担を続ける。**

（ハ）婚姻後の**前皇族女子**に関する対策
現行：一般国民でも前皇族として品位を保つ。
改善：天皇・皇族の**公務を内廷の職員として補佐できるようにする。**
（ニ）**元宮家の男系男子**に関する対策
現行：一般国民として生まれ育ち自由に生きている。
改善：もし適任者があれば**男子のない宮家の養子とすることも検討する。**
（ホ）**改善策の実現方法**に関する試案
有識者会議の検討報告に基づき改善策を実現するには、皇室典範の原則を残しながら**特例法で補正措置をとれるようにする。**

これらの管見を中心にして、先日お知らせ頂いた「聴取項目」の各問（1～10）ごとに、以下説明させて頂く。

問1　**天皇の役割や活動**についてどのように考えるか。
答1　現在（および近未来）の天皇については、現行の「日本国憲法」が、重要な第一章に「天皇」を掲げ、第一条に「日本国の象徴」（日本国の代表的存在）であると共に「日本国民統合の象徴」（全国民の統合を表わす中心的存在）である、と言う至高の位置づけと重大な役割を定めている。

従って**「象徴」天皇は**、そのような役割を果たすため、㋑日本国を代表して**憲法に記されている「国事行為」**を行うと共に、㋺**国民統合にふさわしいことを「公的行為」**として務めるのみならず、㋩**国家・国民のために祈られる「祭祀行為」**など、**多様な活動を誠実に実践されている**。しかも、憲法の第二条に**「皇位は世襲のもの」と定められ、その役割と活動が代々の天皇に受け継がれ続いている**。それによって、国内だけでなく海外からも信頼され尊敬されている意義は、極めて大きいと考えられる。

問２　**皇族の役割や活動**についてどのように考えるか。

答２　皇族とは、現行の「皇室典範」第五条で「皇后・太皇太后・皇太后、親王・親王妃・内親王・王・王妃、及び女王」と定められ、第六条で天皇の男子・男孫を親王、女子・女孫を内親王、曾孫以下を王・女王と称する。そのうち第一条・第二条で「男系の男子」たる親王と王は皇位継承の資格を有し、第十七条でそれ以外の成年皇族も「摂政」就任の可能性が認められている。従って、**どの皇族も天皇の公務を分担する立場にあり、事実それを様々な形で果たされている**と考えられる。

また現行の「皇室経済法」には、天皇に最も近い、いわば本家にあたる「内廷」の費用は「内廷費」、それ以外の分家にあたる宮家の費用は「皇族費」で賄い「**皇族としての品位保持の資に充てる**」と定められている。従って、**内廷の皇族も宮家の皇族も、それにふさわしい教養を身につけ品位を磨いて公務に励む**ことが期待され、事実それを行っておられると考えられる。

問３　**皇族数の減少**についてどのように考えるか。

答３　皇族だけでなく一般の国民をみても、晩婚化・少子化が急速に進んでいる。それでも、一般国民の場合は、女子も養子も家系・家産を相続することができる。

しかし、皇族の場合は、現行の「皇室典範」により、女子は一般男性との婚姻により皇籍を離れなければならず（第十二条）、また皇族間で養子をすることができない（第九条）。そのため、**後継男子のない宮家は早晩衰滅する**ほかない。

それに対して、戦前の皇室では、旧「皇室典範」で側室を容認するのみならず庶子の皇位継承・宮家相続を公認して、永世皇族制を採用していた。そのため、皇族数が段々多くなり、大正時代にはそれを抑止するため「皇族の降下に関する施行準則」を典範の原則に「増補」する形で制定したほどである。

しかしながら、**戦後の「皇室典範」**では、**一夫一婦制を自明の前提としながら、側室も庶子も否定している。それによって、内廷でも宮家でも複数の男子をえることが難しくなった**のだと考えられる。

問４　**皇統に属する男系の男子である皇族のみが皇位継承の資格**を有し、女性皇族は婚姻に伴い皇族の身分を離れることとしている、現行制度の意義をどのように考えるか。

答４　このような現行制度は、旧「皇室典範」の原則を引き継いだものである。しかし明治前半でも様々な意見があり、まして戦後は憲法すら改変された中で、**旧制を固守することには無理があり、維持困難な状況にある**とみられる。

念のため、明治の皇室典範・帝国憲法ができるまでの動向をみると、皇位継承の資格を男系男子に限らず女系女子も認めておく案や、側室庶子を認めるのは不適切という意見もあった。しかしながら、いわゆる「男尊女卑」の傾向が強い当時の日本では、男性の上に「女主」を推戴し難いとか、男子を確保するには側室も否定し難い、というような主張が通り、成文化されるに至った。

それに対して戦後は「日本国憲法」で一般国民に男女平等を定めても、特別身分の皇族に関しては**「皇室典範」で皇位継承の資格を男系男子に限定する行き過ぎた規制を続**

けており、これは少し緩和する必要があると考えられる。（後半については後述）

問５　**内親王・女王に皇位継承の資格を認める**ことについてはどのように考えるか。その場合、皇位継承の順位についてどのように考えるか。

答５　歴代の皇位は「皇統譜」の「大統譜」によれば、皇宗神武天皇以来ほとんど男系男子により継承されてきた。しかし、第三十三代の推古女帝が擁立され（在位五九二～六二八）、また大宝元年（七〇一）制定の**「大宝（養老）令」の「継嗣令」では、男帝を前提とする規定の本注に「女帝の子亦同じ」と定めている。**つまり、男性天皇を優先しながら、女性天皇も公認していたのである。

ただ、実際に即位された八方十代（二方重祚）の女帝は、寡婦か未婚で独身を通されたから、その子孫がなく当代限りで終っている。

従って、万一の事態に備えるため、男系男子限定を改めて、**男系男子を優先しながら男系女子（一代限り）まで公認することは、可能であり必要**だと考えられる。

その継承**順位**は、現行典範の第二条を準用して**「長系を先に」するが、「同等内」では男子を先にし女子を後にする**ことが、当分穏当だと思われる。

問６　**皇位継承の資格を女系に拡大する**ことについてどのように考えるか。その場合、皇位継承の順位についてはどのように考えるか。

答6　**皇位継承の資格は、天照大神を皇祖と仰ぎ、神武天皇を皇宗と伝える子孫のうち、皇族の身分にあることが、本質的な要件であって、生物的な男女別（男系女系）は派生的な要素とみられる**（皇室は、一般国民のような他家との違いを示す氏姓も苗字もないオンリーワンの格別な存在である）。

ところが、歴史的には、古代中国の儒教などが絶対視する父系（男系）尊重の思想的な影響により、**その継承は皇宗以来男系で一貫しており、大部分が男子である**。ただ、前述のごとく、八方十代の女性も登場したが、その在位中の所生子孫はなく、いわゆる女系の天皇はいないとみなされている。

従って、このような**長年の慣習は当分重視する必要があり、皇位継承の資格を今の段階で女系にまで拡大すれば、不安や混乱を招く恐れがある**と思われる。

ちなみに、ある強力な男系男子論者でも、「万策尽きたら、……皇統を守るために、女性天皇も女系天皇も認めるほかない」と断っている。ただそのような末期的状況では、継承の順位など論ずることができないと考えられる。

問7　**内親王・女王が婚姻後も皇族の身分を保持する**ことについてどのように考えるか。

その場合、配偶者や生まれてくる子を皇族とすることについてどのように考えるか。

答7　幕末までは、皇族女子が結婚後も皇族として身分称号を用いることもできた（たとえば、将軍徳川家茂に降嫁した「皇女」和宮親子内親王など）。しかし、現行の憲法と典範のもとでは、皇室費の受給対象となる皇族と、婚姻により皇族を離籍して一般国民となる人々とは峻別されている。

従って、内親王・女王が婚姻後も皇族の身分を保持することは原則としてできない。とはいえ、皇族数の減少により皇族としての公務分担が困難になりつつある現在、**皇室で生まれ育って培われた品性を保つ方々が、公務を支援できるようにする方策は必要だ**と思われる。

とりわけ、現に皇族女子として皇室の**内廷におられる皇女の敬宮愛子内親王**は、今年12月に成年皇族となられるから公務を分担されることになるが、その先に**結婚されても皇室に留まって御両親の両陛下を支えられるようにする必要がある**。それは皇位を継承するためでなく、当代の天皇を最も身近で助けられるためであり、やがて**叔父から従弟へと継承される皇室を皇族として支え続けられるようにする**ためである。

その場合、**皇女の夫君と子女も同一の家族であるから、皇族の身分を認められるのが**

自然だと思われる。その方々は、皇位継承の資格は原則的に有しないと定めておけば、いわゆる女系にならない。

また、**男子のない現存の宮家においても、皇女に準じて御一人は当家を相続するために皇族として残れるようにしておく**必要があると考えられる。

問8　婚姻により皇族の身分を離れた**元女性皇族が皇室の活動を支援する**ことについてはどのように考えるか。（※以下「元」を「前」に直す）

答8　皇族女子で既婚の方、これから結婚して離籍される方に皇室の活動を支援してもらう必要性はあると思われる。ただ、その称号は「前皇族」か「前内親王・前女王」でよく（天皇の息女のみを指す「皇女」の拡大乱用は不可）、またその**位置づけは、前皇族として天皇のお手伝いをさせて頂く内廷の職員とすることがふさわしい**（公務員としての雇用は不可）と考えられる。

問9　**皇統に属する男系の男子**（一般国民）を、下記①又は②により皇族とすることについては、どのように考えるか。

①現行の皇室典範により皇族には認められていない**養子縁組**を可能にすること。

②皇統に属する男系の男子を**現在の皇族とは別に新たに皇族**とすること。

答９　皇統に属する**男系の男子でも皇族の身分にない人々は、広義ならば数多くいる。**また親王や王が養子に入り継嗣となった名家（たとえば近衛家など）や旧典範の増補や準則により皇族から「臣籍降下」した華族の子孫も少なくない。ただ、ここでは狭義の、戦後一斉に皇籍離脱を余儀なくされた十一宮家の人々を指すのだとしても、その**現存男子孫は一般国民として生まれ育った人々が大部分**である。

従って、そのような家の若い男子（一般国民）を身分も環境も異なる皇室に入れようとして、①継嗣のない宮家の「養子」とすることは、国民の平等を定める現行憲法のもとで、当家・当事者の立場を考えれば、極めて難しいと思われる。まして②「現在の皇族とは別に新たな皇族」を作るようなことは、皇統の分裂を連想させる恐れがあるから、絶対にあってはならないと考える。

とはいえ、①の**「養子縁組」案は、もし狭義の男系男子孫の中に現皇室へ迎え入れられるにふさわしい適任者が現われ、関係者と皇室側に十分な諒解のえられる可能性があるかどうか、内々に検討されたらよい**と思われる。

ただ、万一そのようにして皇族となる男子がえられても、いわゆる一夫一婦制により必ず男子を得て相続できると限らないことなどを考慮しておく必要があると思われる。

ちなみに、旧十一宮家は、一般国民となってからも男子相続を固守するうちに、既に継嗣の不在により、半数以上が絶家となっている。そのような事実も直視しなければならない。

問10 **安定的な皇位継承を確保するための方策や、皇族数の減少に係る対応方策として、**そのほかにどのようなものが考えられるか。

答10 現在の皇室は、憲法の定める「象徴世襲」の天皇を中心として皇族たちで構成される特別な法的家族集団である。従って、その主要な**法律（皇室典範・皇室経済法）は、皇室を担う天皇と皇族たちが末永く存続し活動されることが可能なものでなければならない。**その**法的規制が厳しすぎて実情にあわなくなれば、それを適切に緩和し徐々に改善する努力を続ける必要がある。**

そのために、今回のような特例法の附帯決議に応える有識者会議での検討を経て、何らかの改善策が政府と国会で協議し制定される途中で、またはそれを実施するに先立ち、**皇室の方々に理解（諒解）をえるため「皇室会議」の議を経る必要がある。**

それのみならず、**今後とも皇室会議は、皇室の在り方について常に検討を加え改善案などを提唱できるような場として運用されることが望ましい。**

なお、この機会に敢て申せば、前述のとおり天皇は憲法の第一章に特規される国家的に最も重要な存在である。従って、その世話役を担当する**宮内庁は、「宮内省」として人材も予算も強化する**必要があると考えられる。

むすび—**改善策を特例法で**—

最後に、今回お尋ねの範囲を越えるかもしれないが、戦後七十余年間に生じた皇室制度の諸問題に関する改革を一挙に解決することは難しいにちがいない。とすれば、実現可能な改善策を速やかに実現し、その後も検討を続け、状況の変化に応じて改善を重ねる努力が必要であろう。

具体的に申せば、先般、天皇陛下の「退位」(譲位)問題は、「皇室典範」の原則を残しながら、高齢化に伴う対応策として「特例法」が作られ、大方の合意を形成して実現された。従って今回も、**典範の原則を残したまま、当分必要な改善策を「特例法」のような形で可能にすることが今のところ望ましい(根本的・総合的な改正の検討と実現には数年以上を要するであろう)**と考えられる。

あとがき―既刊拙著との関連―

本書は、〔まえがき〕に記したとおり、Aとしてホームページ連載の二十篇を収録した。ただ、各々簡潔に四百字四～五枚ほどで纏めた（それでも論述の必要から、かなり重複があることを寛恕されたい）。より詳しくは既刊の関係拙著を参照して頂きたい。

また、Bのヒアリング〔二十一〕に参考資料として提出した二篇（『伝統と革新』三五号（令和二年五月）と『神社新報』令和二年十二月七日所載の拙稿を〔付1・2〕とした。

さらに、〔付3〕令和二年五月、『東京新聞』の取材記事、〔付4〕令和四年三月の『表現者　クライテリオン』所載拙稿、〔付5〕令和六年三月、『読売新聞』質問に応答した解説記事、〔付6〕「AERAドットコム」同年八月三日（抄）も加えた。

他にNHK「政治マガジン」令和元年五月八日取材記事、『毎日新聞』令和五年十二月二十七日朝刊の山田奈緒記者インタビュー記事、『産経新聞』今年四月二十七日朝刊の取材記事、「日テレNEWS」同年五月十七日解説記事などが、いずれもネット公開されている。あわせてご覧願いたい。

さて、『皇室典範』に論及した拙著の関係部分（章名）を、列挙すれば左の通りである。

一 **『皇位継承』**（高橋紘氏との共著。文春新書、平成10年10月。同30年3月、増訂版）

1 第三章 『皇室典範』の成り立ち

二 **『近現代の「女性天皇」論』**（展転社、平成13年11月）

2 Ⅰ 明治前期の「女性天皇」論

3 Ⅱ 昭和戦後の「女性天皇」論

4 Ⅲ 資料 法制局「皇室典範案に関する想定問答」

三 **『皇位継承のあり方―〝女性・母系天皇〟は可能か』**（ＰＨＰ新書、平成18年1月）

5 第一章 最近数年の「女性天皇」論議

6 第二章 「皇室典範」と女帝問題の新論点

7 第三章 皇位の男系継承史と女系容認論の検証

8 第四章 皇位継承のあり方に関する管見

9 第五章 女帝否認論と女系懐疑論の問題点

10 第六章 女性宮家の創立と帝王学

11 あとがき―『皇室典範』の段階的な改正論

四　『皇室典範と女性宮家―なぜ皇族女子の宮家が必要か』（勉誠出版、平成24年6月）

12　一章　皇室制度の問題点と改善案
13　二章　皇子・皇女の多様な在り方
14　三章　宮家制度の来歴と役割
15　四章　皇族「養子（猶子）」の実例
16　六章　「皇族降下の施行準則」解説
17　七章　「皇室典範」なぜ改正が必要か
18　八章　「皇室典範」改正をどう進めるか
19　九章　「皇室会議」の在り方を見直す
20　十章　皇室の現状と女性宮家の創設
21　十一章　宮家世襲と「女性宮家」の要件
22　十二章　皇室の永続に必要な具体案
23　補論　「万世一系の天皇」とは何か
24　結章　「皇室典範」改正の行方
25　付録　「皇室典範」の新旧条文対比

五　**『象徴天皇「高齢譲位」の真相』**（ベスト新書、平成29年1月）

26　第三章　憲法の規定する象徴世襲天皇
27　第四章　皇室典範に規定された皇室制度
28　第五章　高齢譲位の実現方法と残る課題

六　**『天皇の歴史と法制を見直す』**（藤原書店、令和5年6月）

29　第七章　明治の『皇室典範』と皇室令制
30　第八章　戦後の憲法と新『皇室典範』
31　第九章　皇室関連法の整備と典範改正論
32　第十章　「皇室典範特例法」と「付帯決議」

このように二十数年前から、皇室の在り方を規定する現行法の問題点を指摘し、自分なりに熟慮した改正案を提示してきた。しかし、平成の天皇が率直にご意向を国民にビデオで表明されて〝高齢譲位〟を可能にする「皇室典範特例法」が出来たのみである。その際「安定的な皇位継承のため」早急に再検討して法改正することを「附帯決議」としながら、八年経っても埒《らち》があかない。

これは甚だ遺憾なことながら、さりとて絶望したり放棄することはできない。当面国会の協議が再開され、大筋合意により暫定的な特例法を成立させられるとしても、引き続いて本格的な典範改正に取り組まなければならないであろう。それに備えて、本書や既刊の拙著が少しでも役立つことを念じてやまない。

思うに、天皇と国民との紐帯《ちゅうたい》は、昭和二十一年（一九四六）元旦公表の「新日本建設に関する詔書」で明言されているとおり、「終始相互の信頼と敬愛によって結ばれ」ていることが望ましい。

これは「日本丸」という大きな船の「船主」（実質的・名目的な代表者）と「運航者・同乗客」との関係に似ており、波風の平穏な時も危険な時も、いわば運命共同体としての船（国家）を、みんなでしっかり担っていかなければならない。それは、皇室の方々だけでなく「主権の存する日本国民」の役割でもあろう。

なお、本書の印刷・製本は、『藝林』などを担当中の朝日印刷に依頼し、また一般頒布の窓口は、『未刊論考デジタル集成』を担当中の方丈堂出版に引き受けていただいた。あわせて御礼を申し上げたい。

令和六年（二〇二四）八月一日

小田原にて　**所　功**（82歳）

〔付〕　参考資料

1　皇室の永続の問題点と改正案

（『伝統と革新』三五号〈令和2年5月〉）

はじめに―現皇室の構成者―

「令和」の御代を迎えてから一年近い間に、皇位継承に伴う重要な儀式も祭祀も、滞りなく盛大かつ厳粛に完遂されたことは、国民の一人として喜びにたえない。

ただ、昨年五月一日「剣璽等承継の儀」に出られたのは、新天皇陛下（当時59歳）と、その両脇に秋篠宮文仁親王（53歳）と常陸宮正仁親王（83歳）の二殿下のみである。

その直後の「即位後朝見の儀」には、上記の三方以外に、新皇后陛下（56歳）をはじめ、秋篠宮妃（52歳）・常陸宮妃（78歳）・三笠宮妃（95歳）・寛仁親王妃（64歳）・高円宮妃（65歳）および秋篠宮家の眞子内親王（27歳）・佳子内親王（23歳）と三笠宮家の彬子女王（37歳）・瑶子女王（35歳）と高円宮家の承子女王（32歳）の十殿下も揃って出られた。

なお、前日に「退位」（譲位）された上皇陛下（85歳）と上皇后陛下（84歳）は、前任者ゆえに出御を控えられたのであろう。また敬宮愛子内親王（17歳）と悠仁親王（12歳）

は未成年のため出御が叶わなかった（この点も今後どうあればよいか、検討を要する）。

現在、皇室の構成者は、昨年と同様に、全部で十七名おられる。そのうち、男性は五名に対して女性が十二名、しかも未婚男子は一名のみで、未婚の女子が六名、というアンバランスな状況にある。

一　現行憲法の定める「天皇」

この皇室構成者は、戦後の日本国憲法と皇室典範・皇室経済法などに、身分・役割・待遇などが規定されている。周知のことながら、その要点を纏め直せば、左の通りである。

現行の日本国憲法は、第一章を「天皇」とし、第一条で「天皇は日本国の象徴であり、日本国民統合の象徴」と位置づける。続けて「この地位は、主権の存する日本国民の総意に基く」と根拠づけるが、第二条に「皇位は、世襲のもの」と明記し、「国会の議決した皇室典範の定めるところにより、これを継承する」としている。

つまり、皇位の継承は、法律の皇室典範に規定される皇族身分の方々により「世襲」されなければならない。しかしながら、万一このような皇族が不在となれば、天皇（皇室）の制度は成り立たないから、皇位継承の有資格者を保持することは、憲法の命題としても真剣に取り組む必要がある。

象徴世襲天皇の役割は、第三条で「天皇の国事に関する行為は、内閣の助言と承認を必要とし」、第四条で「天皇は……国政に関する権能を有しない」と規制されている。

とはいえ、天皇の国事行為として、第六条で「国会の指名に基いて、内閣総理大臣を任命する」「内閣の指名に基いて、最高裁判所の長たる裁判官を任命する」という行政・司法の最高責任者を親任する重大な任務がある。また第七条には、「内閣の助言と承認により、国民のために、左の国事に関する行為を行ふ」として、十項目の任務が列挙されている。その多くは儀礼的な行為であるが、三権の長を越える「日本国の象徴」（他国の元首に相当）として天皇のみが果たしうる重要な役割である。

しかも、天皇は「日本国民統合の象徴」として、憲法には明示されていないが、国民のために多種多様な「公的行為」に精励され、また皇統を「世襲」する伝統継承者として、国家・国民のために恒例臨時の「祭祀行為」に奉仕される。

いずれも国民の安心にも国家の安定にも、大きな意味をもっているとみられる。

二　現行の皇室典範の問題点

このような格別の地位と役割を担われる天皇および皇族に関する具体的な在り方を定めたものが、現行の「皇室典範」である。これは明治二十二年（一八八九）に勅定された旧皇室典範と異なり、昭和二十一年（一九四六）国会で議決された法律であるが、その主要な規定は旧典範を受け継いでいる。それが七十余年前には妥当であったにしても、今日では無理な点が少なくない。

まず第一条に「皇位は、皇統に属する男系の男子が、これを継承する」と皇位継承の資格を皇統の男系男子に限定すると共に、第二条に、男子皇族の継承順序を長系長子優先で明記している。

その大筋は旧典範と同様ながら、新典範の第六条で側室所生の「皇庶子孫」を否認している点は、重大な変更と認識しなければならない。初代の神武天皇から一二三代の大正天皇まで、歴代の約半数が正后の嫡子ではなく側室の庶子である。従って、昭和天皇の御意向に基づき実現された一夫一婦制のもとで、「嫡男子」が確実に得られる保証はないのであるから、現行の「男子」限定を維持することは難しい。

ついで第九条に「天皇及び皇族は、養子をすることができない」と全ての養子を否定している。これも旧典範の第四十二条と同趣であるが、明治時代には「男系の男子」を維持するため、伏見宮系の嫡庶男子を新当主とする世襲宮家が次々創立され、養子による継承者は不要とみて養子を禁止した。その上、皇族数が増大し過ぎると、大正九年（一九二〇）には「皇族ノ降下ニ関スル施行準則」を裁定し、皇族の段階的な削減に努めている。

しかし、皇族間の養子は、出すことも迎えることも、古代から活用されてきた。とりわけ皇位継承は、直系相続が望ましいと考えられ、もし傍系の宮家から入っても、前天皇の養子とすることにより正統性を補強している（閑院宮家出身の光格天皇など）。

また、大宝・養老以来の律令（継嗣令）では、天皇の皇子（皇女）と兄弟（姉妹）のみを親王（内親王）としていた。従って、伏見宮家以下の宮家では、当主の親王の王子の一人が当代天皇の養子として親王の宣下を受けることにより、当家を相続することができたのである。もし皇族間の養子制がなければ、宮家の世襲は続きえなかったであろう。

さらに第十二条で「皇族女子は、天皇及び皇族以外の者と婚姻したときは、皇族の身分を離れる」と定めている。これも旧典範の第四十四条を受け継いでいるが、戦前と戦後の状況が一変していることを看過してはならない。

明治以来の旧典範下では、皇族男子が多数おられたから、皇族女子の婚姻相手となりえた。しかしながら、ＧＨＱの強圧により、昭和二十二年（一九四七）十月の皇室会議で十一宮家の皇籍離脱が決定され、秩父・高松・三笠の三直宮家以外の十一宮家皇族（男性二六人、女性二五人）が一般国民と化した。そのために、以後の皇族女子は一般男性と婚姻されて皇籍を離れるほかなくなったのである。現在未婚の三内親王・三女王は、今のままならば、同じ道を辿られることになろう。

三　特例法と付帯決議の意義

このように現行の皇室典範は、明治以来の旧典範を受け継いでいる。それゆえ、成立当初は大旨妥当だったとしても、七十余年後の現状に適合しない点があり、これを放置すれば皇室の存続が難しくなるのではないかと危惧される。

それに逸早く気付かれて、慎重に改革を促されたのが、平成の天皇陛下にほかならない。現行典範の第四条に「天皇が崩じたときは、皇嗣が直ちに即位する」と終身在位を原則としている。

しかし陛下は、八十七歳八ヶ月余で崩御された昭和天皇の晩年を身近に熟知され、ご自身が七十歳代に二度の手術をされた前後から、「譲位」の可能性について内々に検討を進められたようで、そのご意向を平成二十八年（二〇一六）八月、控目に公表された。

その「おことば」は、憲法上「国政に関する権能を有しない」とされる天皇が、国家・国民統合のために「象徴としての務め」を、どのような思いでどのように行って来られたか、具体的に説明され、それを次世代にも引き継いでほしい、と述べるに留められた。

すると、それに大多数の一般国民が理解と共感を示したことから、政府も国会も動き始めた。政府の有識者会議も国会の与野党協議も丹念に行われ、翌二十九年六月「天皇の退位等に関する皇室典範特例法」が衆参両院の全出席議員に賛成をえて成立したのである。

この法律は、現行典範の終身在位原則を残したまま、「高齢による退位」を可能にするが、一代限りの「特例」扱いとされている。しかしながら、今後の天皇も八十歳代の高齢になられたら、今回の新例を将来の先例とすることは、可能であり必要だと考えられる。

しかも、特例法を審議成立させる際、国会の与野党で歩み寄るため、「付帯決議」が採択された。その一に「政府は、安定的な皇位継承を確保するための諸課題、女性宮家の創設等について、皇族方の御年齢からしても、先延ばしすることはできない重要な課題であることに鑑み、本法施行（平成三十一年四月三十日）後速やかに、皇族方の御事情等を踏まえ、全体として整合性が取れるよう検討を行い、その結果を、速やかに国会に報告すること」を政府に要請している。

また、その二で「一の報告を受けた場合においては、国会は、安定的な皇位継承を確保するための方策について、「立法府の総意」が取りまとめられるよう検討を行うものとする」と国会の対応まで明記している。

それは憲法上「国権の最高機関」とされる国会の意思表示として重要な意味をもつ。政府が「先延ばしすることはできない」課題として検討し、具体的な「方策」を「報告」したら、国会が「総意」を取りまとめて結論を出すことを明示した「決議」なのである。

四　当面の合意可能な改正案

そこで、これから政府の検討と国会の対応を注目したいが、それと共に、私自身かねてから考え、先般一月十三日にＨＰ（http://tokoroisao.jp/）に掲載した管見「皇室永続に必要改革試案」を基に、その要点を略記すれば、左の通りである。

（一）皇位継承者を男系の男子限定から男子優先に改める。

前述したとおり、現行典範では、皇位継承資格を「皇統に属する男系の男子」に限定している。しかし、旧典範まで容認してきた側室所生の皇庶子孫を否認する現在、正后妃所生の皇嫡子孫が必ず得られるとは限らないから（将来、悠仁親王の妃となる女性の心理的な負担を軽減するためにも）、その男子限定を男子優先に改め、男系女子にも資格を認めておく必要がある。

皇位継承者は、本質的に皇祖皇宗以来の「皇統」に属する皇族であれば男女を問わないと考えられる。およそ古墳時代前期（三〜四世紀）ころから、日本列島の統合を進めてきた大和朝廷の大王（天皇）は、古墳時代後期（五〜六世紀）ころから、有力豪族らに氏姓を賜与する格別の立場にあったから、主体の自身（皇室）は氏姓を有しない。それゆえ、本来の皇統には、一般氏族のような男系も女系も問われなかった（男統・男系とか女統・女系の議論は、明治以前に殆どない）。

ただ、古代中国（周代、特に漢代以降）においては、皇帝も王侯貴族も氏姓を有し、特に父系（男系）絶対の儒教思想を信奉した。それが朝鮮半島（主に百済）を経由して伝来すると、皇室でも諸氏族の間でも父系（男系）を尊重する傾向が次第に強まった。

そのために、古墳時代後期ころから書き継ぎ整えられた「帝皇日継」系図は、父系（男系）中心に書かれたと推定され、それが飛鳥・奈良時代（七〜八世紀）の「帝王系図」に定着し、皇位継承の原則になったものとみられる。

従って、その父系（男系）継承が平安時代（九～一二世紀）以降も長らく原則的に厳守されてきたことは、歴史的な事実として重視する必要がある。

しかしながら、男系継承で一貫しても、女子を排除したわけではない。現に飛鳥・奈良時代と江戸時代（一七・一八世紀）に八方十代の「女帝」（女性天皇）が実在した。その方々は寡婦か未婚であり、元明・元正の母娘両帝以外、その子女が即位されたことはないから、いわゆる女系天皇の実例はないことになる。

それゆえ、これらの史実をふまえるならば、男系男子継承の原則は、今後とも遵守するべきであろう。ただ、それは男子限定を男子優先に改め、万一に備えて例外的に男系女子の即位（いわゆる女性天皇）も容認しておくことが、可能であり必要だと考えられる。

（二）内廷と各宮家の皇族女子一名には、相続資格を認める。

前述のとおり、現行典範では、皇族女子が一般男性と婚姻すれば皇籍を離れなければならない。そのため、現皇室の未婚女子六名が結婚によって皇族でないことになれば、傍系の三笠宮・高円宮両家だけでなく、やがて後述のように秋篠宮家も、さらに今上陛下の内廷も、相続者不在になって、早晩断絶するほかなくなる。

ここにいう内廷とは、いわば本家にあたる。現行の皇室経済法に定められる「皇室費」のうち、「内廷費」で生計を賄われるのは、天皇・皇后と上皇・上皇后の四陛下および敬宮《としのみや》愛子内親王の五名である。

それに対して宮家は、いわば分家にあたり、「皇族費」で生計を賄うが、現存の四宮家分あわせても内廷費の三分の一ほどに留まる。

それほど内廷は重く大きい存在である。その御一人の愛子内親王殿下は、両親の両陛下を最も身近で支えうる皇族（まもなく成年）であるから、一般男性と婚姻されても新しい直《じき》宮家の当主となられ、万々一の場合、女性天皇にもなって頂けるようにしておく必要がある。

また秋篠宮殿下は、「立皇嗣の礼」を経てからも、長子の悠仁親王が未成年（現在十三歳）のために、筆頭宮家の当主を続けられ、内廷に入ることなく「皇太子」相当の待遇を受けられることになろう。

しかし、やがて悠仁親王は、父君が即位されたら、皇太子となられる（父君などの同意により、今上陛下の仮養子とされ皇太子となられるかもしれない）が、秋篠宮家の当主にはなれない。従って、姉君のうち一名は当家を相続できるようにしておく必要があろう。

同様に三笠宮家も二女王のうちの一名、高円宮家も未婚の一名が、当家を相続できるようにしておく必要があろう。これらの改革は、いわゆる「女性宮家の創設」ではなくて、皇族女子一名に当家相続の資格を認めることにより、その存続をはかる方策にすぎない。

（三）旧宮家の子孫を、後継者不在の養子として皇族に迎える。

ただ、現在の皇族女子は、将来一般男性と婚姻すれば皇室を去る現行典範のもとで生まれ育たれており、愛子内親王以外は、すでに成年（二〇〜三〇代）であるから、当家相続の資格を認められても、未婚のまゝ留まるか、従来どおり皇籍を離れられるのではなかろうか。

もしそうであれば、御子のない常陸宮家をはじめ、女子も不在となりかねない三つの宮家を残す方策として、もし旧宮家（男系）男子孫の中に適任者が現れたら、上記四宮家の「養子」として皇室に迎えられるようにしておく方策も、一概に否定できない。

ただ、その適任者というのは、一般国民として生まれ育ちながらも、皇室に入る自覚と品格を備えていること、また現皇室の方々にも現国民の多数にも、皇族として受け入れ認められる人望をもっていることなど、かなりハードルが高い。

とはいえ、「皇統に属する男系の男子」が少なすぎる現在、このような適任者を捜し出し育て上げることも、敢えて検討する必要があると考えている。

むすび―具体策の実現―

以上の改正試案を、当面（おおよそ一世代三十年ほど）の皇室にあてはめて、想定できる可能性の一部を図式化すれば、左の通りである。

※　参考想定略図（……点線は養子）（①～④男性天皇、[3][4]女性天皇）

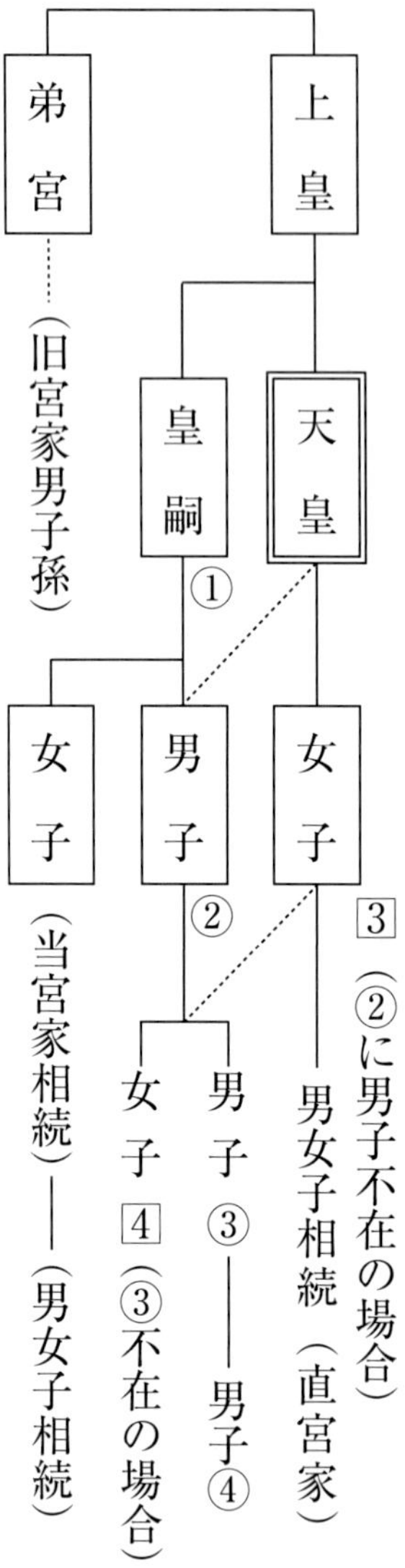

このような改正試案は、皇統の歴史と皇族の現状を直視して、識者や世論の動向も配慮しながら、当世代の皇室を安定的に維持することを可能とする。のみならず、やがて次世代以降も皇室の永続を可能とする道を拓こうとする具体策である。再言すれば、従来の在り方を原則として受け継ぎながら、近未来に対応するため、いわば特例として（一）（二）（三）のような改革を実現する必要があると考えている。

その実現には、皇室典範を全体的に見直して抜本的に改正することが望ましいとしても、それには相当な時間を要するとみられる。従って、今回は「退位」を可能にした「特例法」のような措置により対応することでよい（やむをえない）と思われる。

本日（三月十一日）は、東日本大震災から満九年、また新型コロナ騒動の最中である。私どもは何事であれ、想定外の事態を予見して、可能な限りの対策を練っておかなければならない。日本にとって最も重要な皇室も、今や危機的な状況克服が不可欠なのである。

願うらくは、皇室永続に少しでも役立つ具体策の成立に向けて、政府も国会（与野党）も、大筋納得できる合意形成を、真剣に迅速に進めて頂きたい。

近現代の皇室関係者略系図

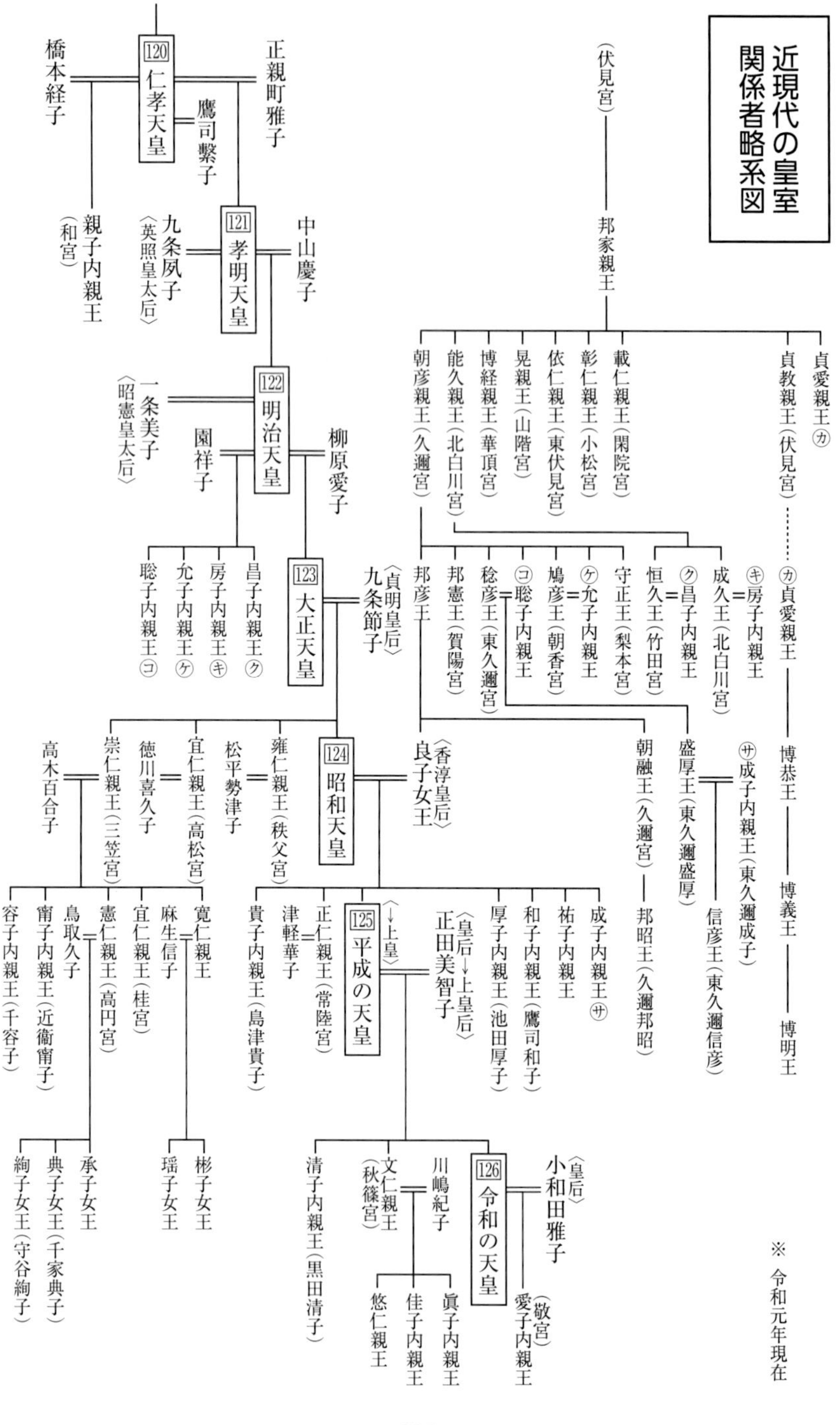

※ 令和元年現在

2　「皇族女子」御結婚後の役割と呼称　（『神社新報』令和2年12月7日付）

先送りとなった「附帯決議」の内容

昨年（平成三十一年）の四月末日、平成の天皇が譲位されたのは、三年前（同二十九年六月）制定された「皇室典範特例法」に基づく。その際、衆参両院で与野党合意の「附帯決議」を政府に提示した。

それをみると、一「政府は、①安定的な皇位継承を確保するための諸課題、②女性宮家の創設等について、皇族方の御年齢からしても先延ばしすることはできない重要な課題であることに鑑み、本法施行後速やかに……検討を行い、その結果を、速やかに国会に報告すること」とし、その報告を受けたら、二「国会は……『立法府の総意』が取りまとめられるよう検討を行う」としてゐる（便宜①②、傍点を加へた）。

ところが、その後①も②も政府は本格的に検討せず先送りしてきた。むしろ民間では、神社新報社の「時の流れ研究会」で真剣な検討を重ねて見解を公表したり、同会と力点の異なる私案を提示したりしたこともあるが、それらが参考にされた形跡は見当たらない。

公務御分担への期待が昂っている

ただ、今年に入ってから内閣府は専門家数人より内々に意見を聴いてゐた。しかも、十一月二十四日（一部翌日）、全国紙などにより不思議な政府案が報じられた。

たとへば、朝刊一面で取り上げた「読売新聞」は、「皇族女子　結婚後に特別職『皇女』創設　政府検討」と大見出しを打ち、「政府は……結婚後の皇族女子を特別職の国家公務員と位置づけ……『皇女』という新たな呼称を贈る案が有力視されている」といふ。

このやうな案が捻り出されたのは、皇室の公務を皇族として分担できる方々が次々減少してゐるからである。

現行の「皇室典範」第十二条によって、「皇族女子」は、一般男性と婚姻すれば「皇族の身分を離れ」なければならない。そのため、「皇嗣」秋篠宮家の二内親王（二十九・二十五歳）も、また三笠宮家の二女王（三十八・三十七歳）と高円宮家の一女王（三十四歳）も、さらに内廷の内親王（十九歳）も、結婚により不在となる虞《おそれ》がある。

そこで、たとへば秋篠宮家では、宮中におけるお務め（祭祀を含む）のみならず、宮外において公的団体の総裁・名誉総裁（合計十五以上）などがある。それらの多様な公務を皇嗣・同妃両殿下だけで完遂されることは難しく、さりとて未成年の親王（十四歳）は表に出難い。そのため、二内親王に結婚後も分担してほしい、といふ期待が昂ってゐる。

これが偽らざる現状であらうから、政府案も当面の弥縫策としてやむを得ないかもしれない。しかし、そのやうな方々に「『皇女』という新たな称号を贈る」案は、まったく解し難い。

「皇女」は天皇所生の女子に限られる

「皇女」とは、歴史上も慣習的にも、天皇のもとに生まれた女子のみを指す。念のため、千三百年前に勅撰された『日本書紀』は、天皇の男子を「皇子」、天皇の女子を「皇女」と書き分ける例が多い。また「大宝（養老）継嗣令」では、天皇の男子も女子も併せて「皇子」とするが、その後の記録や史書は「皇子」と「皇女」を区別してゐる。

一方、現行の「皇室典範」も、第六条に「嫡出の皇子及び……皇孫は、男は親王、女を内親王とし、三世以下……の子孫は、男は王、女は女王とする」と定めるが、一般に天皇の男子を皇子、天皇の女子を皇女と使ひ分けてをり、天皇所生の女子のみが「皇女」である。それを無視して、皇室で生まれ成育された「皇族女子」すべてに、御結婚後も『皇女』という新たな称号を贈る」やうな皇室用語の拡大濫用は、厳に慎むべきであらう。

内廷と宮家の男子限定による継承の略図

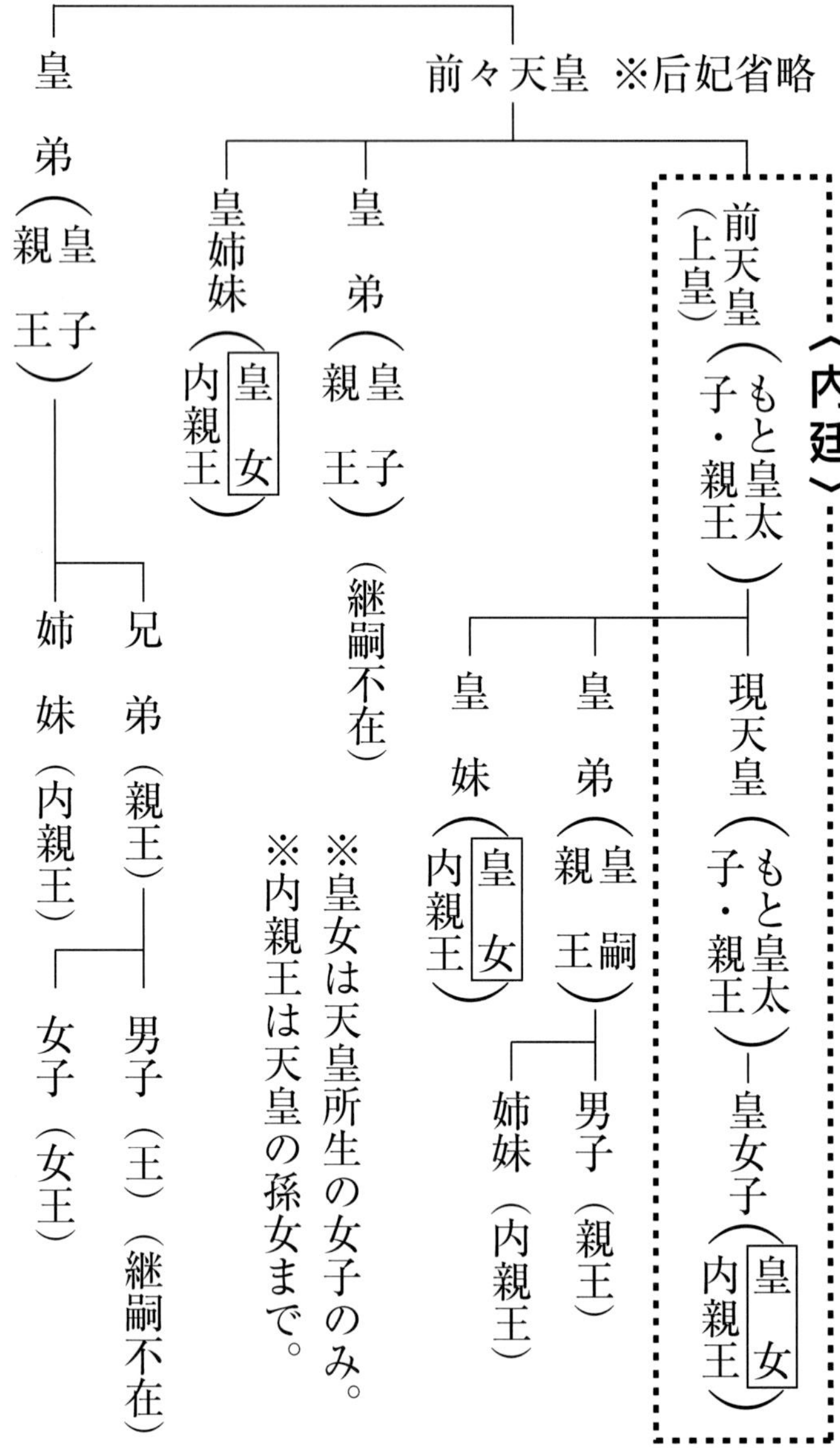

公務の分担ならば内廷の職員として

報じられた政府案では、皇族女子が結婚して皇籍を離れた後でも「皇女」と呼び、「特別職の国家公務員と位置づけ」るといふ。これも不適切といはざるを得ない。

公務員は特別職であれ、政府・官僚組織に雇用され、上司に服属する立場にある。しかし、皇室の公務・公用は、皇族たちが天皇陛下のもとで分かち担はれるのであるから、もし皇族女子に御結婚後も公用の一部を分担してもらふのであれば、天皇直属の内廷職員として奉仕できるやうにすることが望ましい。その呼称は「前皇族」「前内親王」「前女王」でよく、新たに作る必要などないと思はれる。

ともあれ、皇族女子の御結婚により、公務・公用の分担どころか、宮家の存続も困難な現状を直視する必要がある。

そのためには、附帯決議の要請に即し、将来に備へて、たとへば①皇位継承に一代限りの男系女子を容認しておくとか、②旧宮家子孫の適任者を継嗣のない現宮家に養子に迎へうるやうにするなどの案を総合的に検討してほしい。

願ふらくは、従来の原則論をふまへながら、国会で与野党合意の可能な具体案をとりまとめ、早急に実現して頂きたい。

（令和二年十二月一日成稿）

3　皇位の安定継承―男子限定から女子容認を（インタビュー記事）

（『東京新聞』令和２年５月24日朝刊）

現在の私案は三点だ。一番目は、皇位継承の資格を男系男子限定から男系男子優先に変えること。悠仁親王の後に男子が生まれないことも想定し、男系女子の女性天皇も容認しておく。二番目は、内廷も宮家も男子がいなければ、女子の一人が当家を相続できるようにすることだ。

愛子内親王は天皇のお子さまであるから直宮家《じきみやけ》とするが、その段階ですぐに皇位を継承するためではない。将来的に男系女子の女性天皇を認めることにするが、女性天皇の先をどうするかは、次の世代が決めればよい。

三番目は、現存の宮家で相続者のいない、または不在となってしまう宮家に、男系男子で継承される旧宮家から適任者を養子に迎え、将来、養子から男子が生まれたら、その男子に皇位継承資格を認める、という一部の案も一概に否定しない。

以上の三案は暫定的な改善策であり、皇室典範の改正でなく、特例法でも構わない。

いわゆる旧宮家の子孫を皇族にすることは望ましくないが、窮余の策として考慮しなけ

皇位継承の想定略図

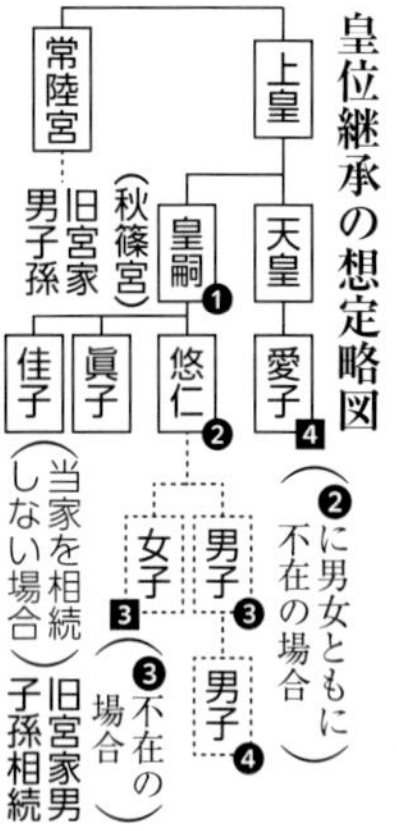

【注】1～4は男性天皇、34は当面一代の女性天皇。……は養子。敬称略。※三笠宮、高円宮両家は省略。

ればならないほど事態は逼迫《ひっぱく》している。現在の皇室と血縁的に近い適任者が見つかれば、慎重に検討することも、皇室の存続に役立つ道を探ることも、一つの方策であろう。

女性天皇は、新聞各紙などの世論調査でも高い支持がある。世論は大切だが、皇室問題は当事者の考えこそ重要だ。明治以降の皇室典範では、皇位継承者を男系男子のみに限定し、皇族女子は一般男子と結婚すれば、皇籍を離脱することになっている。このルールを急に変えて適用すれば、当事者の女性皇族は、大変お困りになろう。現行法のもとで生まれ育った当事者には、原則として現在のルールによることも認めるしかないのではないか。

皇位継承の安定化策は、二〇一七年（平成二十九年）六月に成立した皇室典範特例法の付帯決議に基づき、新天皇の即位後速やかに検討を開始すべきところ、すでにことし五月で一年が過ぎた。延期となっている「立皇嗣の礼」の終了を待つ必要はなく、国会で与野党が「付帯決議」に合意した意思を尊重して、政府は早急に本格的な議論を開始し、成案が得られるようにすべきだ。

（聞き手・吉原康和）

4　聖域で「品位」を保ち多様な公務に励む方々

（『表現者　クライテリオン』一〇一号〈令和4年3月〉）

日本の皇室は、多くの人々にとって在ることが当然と思われ、戦後、とりわけ平成の御代から極めて身近に感じられている。しかし、皇室を構成する天皇と皇族は、一般国民と同じレベルのヒーローでもタレントでもない。

そうであれば、皇室の方々と国民は、何がどのように異なるのか。一般の国民と異なる皇室の方々には、何が求められているのか。それに対して、私共はどう応えたらよいのだろうか。皇室に関心を寄せる歴史家の一人として、管見の一端を率直に申し述べよう。

「大王（天皇）」は氏姓を賜与するスメラミコト

戦後の現行憲法も、第一章〈天皇〉の第二条に「皇位は、世襲のもの」と定めている。それは、天皇の地位が、選挙などにより争って決するものでなく、先祖以来の血筋（皇統）に属する後裔の有資格者（皇儲）により承け継がれるものなのである。

その先祖は、記紀の神話・伝承によれば、アマテラスオオカミ（天照大神、『万葉集』では天照日女《ひめ》之命）を「皇祖神」と仰ぐ「天孫」のホノニニギノミコト（火（穂）瓊瓊杵尊）が、高天原から葦原中国の高千穂峰に降臨されたという。その神裔（子孫）と信じられる有力な「オオキミ」（大王）が、初代のカムヤマトイワレヒコノミコト（神倭伊波礼比古命＝神日本磐余彦天皇）と伝えられる。

この初代天皇は、おそらく弥生時代中期の一世紀初頭ころ、九州から近畿へ東征され、ヤマト（山戸→大和）に拠点を据えられたと推定される。ついで古墳時代初頭の三世紀前半ころ、第十代崇神天皇が、日本列島の統一に乗り出されたと見られる。

やがて四世紀代には、大王が国内の大半を勢力下に収めたので、諸王（豪族）の上に立つ大王（大君）として崇められた。さらに五・六世紀ころから、配下の有力者（臣民）に対して、各々の地域や職務にちなむ「氏姓」を賜与されるようになった。ちなみにスメラミコトとは、統《す》べる尊者《ミコト》であり、国民統合の君主にほかならない。

このように、氏姓を賜与する格別に高い立場の大王（のち天皇）には、臣下のような氏姓がない（無姓）。それ以後も王統（皇統）が一貫しているから、別の王朝と区別するための名称を必要としない。それゆえ、皇室には今なお一般国民のような家名（俗姓）が無い。結婚により一般から后妃となられた方々も、たとえば正田とか小和田という俗姓が消えてしまうので、単に「美智子」とか「雅子」と称されることになる。

「皇統」には元来男女の区別がない

明治以来の「皇室典範」では、「皇位」は「祖宗の皇統にして」「皇統に属する」皇族のうち、「男系の男子」が継承すると定められている。そのためか、皇位継承の有資格者は昔も今も「男系の男子」でなければならない、と思い込んでいるむきが少なくない。

しかし、明治以前に遡れば、皇統に「男系」とか「女系」という区別を立てたり、ましてそれを男子に限る（女子を排する）ような規制は、ほとんど見あたらない。

念のため、若干の用例をあげておこう。まず「皇統」という語の初見は、『続日本紀』天平神護元年（七六五）八月庚申条に出てくる。和気王（舎人親王の孫）が、未婚の孝謙上皇に継嗣がないので、「皇統に嗣無く、未だその人あらず」として皇位をねらい、失敗して流罪・処刑されたのである。

この「皇統」の同類語に皇儲・皇嗣などがある。その「皇儲」（皇緒）の用例としては、孝謙上皇が称徳女帝として重祚（再び即位）されてから数年後の神護景雲三年（七六九）、大宰府から宇佐八幡の「神教」と称して「〈弓削《ゆげ》〉道鏡を皇位に即かしめば天下太平ならん」と上申してきた際、その真偽を確かめるために遣わされた近衛将監の和気清麻呂が、次のような「託宣」を奉答している（『続日本紀』同年九月己丑条）。

我が国家、開闢《かいびやく》以来、君臣（の分）定まれり。臣を以て君と為すこと、未だこれあらざるなり。天つ日嗣（天皇）は必ず皇緒（儲）を立てよ。無道の人（道鏡）宜しく早く掃除すべし。

ここにいう「皇儲」の本義は、皇室に生まれ育ち、皇族の身分にある者だけが「天つ日嗣」（天皇）を承け継ぎうるのであり、それには男系とか女系という区別も、男子だけ認め女子を除くような差別の意味も含まれていない。

ここで重要なのは、「君臣」の峻別であり、「臣を以て君と為すこと」こそ否定しなければならないのであるから、臣下の道鏡を「無道の人」として退けることである。

ただ、皇統を継いで来られた皇儲の実例は、いわゆる父系で一貫しており、ほとんどが男子である。それは天皇（すめらみこと）の重責を担うのは、体力的・生理的に、女子より男子の方がふさわしいと考えられたからであろう。そのため、適齢の有能な皇族女子の即位で危機を乗り越えることがあっても、然るべき皇族がえられたら男子に戻ることを慣例としてきたのである。

その背景には、古代中国で確立された父系（男系）の相続を絶対視する、いわゆる男尊女卑的な思想の影響が大きいと見られる。しかし、太古〈縄文時代〉から天照大神のような母性を尊崇してきた日本では、いわゆる男系男子による相続が、例外のない絶対的な原理ではなく、相対的な原則である。従って、歴史的な事実としては重要であるが、さりとて母系（女系）を全面的に否定することは行き過ぎであろう。

聖域の皇室で品位を保つ公人たち

このような意味での皇統を承け継いで来られた天皇とその親族から成る「皇室」（皇家）は、現行の憲法と皇室典範でも、一般の国民と別枠の存在とされている。

従って、天皇と上皇をはじめ皇族の身分にある方々は、憲法の第三章に定められる国民としての多様な権利と僅かな義務の対象にならない。

その反面、「皇室典範」には、「皇位継承」の資格と順序、「皇族」の範囲と変更要件、「摂政」の設置と担当条件、「成年」と主要な儀礼、「皇室会議」の構成と役割などを細かく定められているが、一般的な自由は示されていない。

　そこで、あらためて皇室と国民の関係（分別）を端的に図示すれば、およそ上表のとおりだと思われる。すなわち、現在の皇室も、一般国民の俗界とは異なる聖域と解される。そこにおられる天皇と上皇および皇族（男女とも）は、一般国民のような俗姓を有しない格別な身分にある。また、一般国民が利害に左右されやすい「私人」であるのに対して、

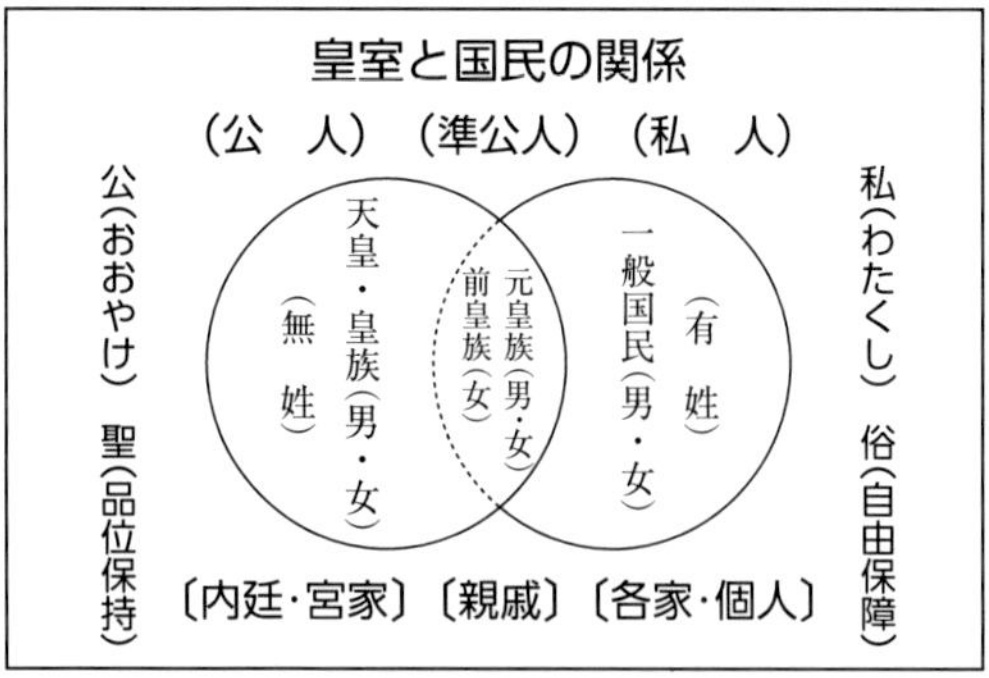

利害を超越する「公人」であることが求められる。
　そのため、皇室で生まれ育たれた方々、および后妃として皇室に入られた方々は、一般国民のような自由を保障されておらず、それよりも「品位保持」を法的に要請されている。
　法的にとは、戦後「皇室典範」と同時に新しく制定された「皇室経済法」の第六条に、「皇室費」のうち「皇族費は、皇族としての品位保持の資に充てるために、年額により毎支出するもの……並びに皇族であった者としての品位保持の資に充てるために、皇族（女子）が……その身分を離れる際に一時金額により支出するものとする」と定められている。

すなわち、いわば本家にあたる「内廷」の当主である天皇とその家族（今は皇后と敬宮愛子内親王および上皇・上皇后の五方）はもとより、分家にあたる宮家の皇族たち（今では皇嗣の秋篠宮をはじめ、常陸宮・三笠宮・高円宮の四家族の合計十二方）は、公人としてふさわしい「品位保持」に努めなければならない。

それのみならず、皇族女子は一般男性と結婚する場合、現行の「皇室典範」第十三条により「皇族の身分を離れる」が、それ以後も「品位保持」を心がけられるよう、一時金を支出することになっている。これは、公人の身分を離れても、一般の私人になり切るのではなく、いわば〝準公人〟として、皇室で生まれ育ち身に付けた品位を保ち続けることが求められているからである。

品位を保ち公務に励む方々への感謝

この「品位保持」というのは、単に行儀よくしていればよいことではなく、象徴天皇のもとで、公人として数多《あまた》の公務に励むことによって一般に理解される。その最高責任者が天皇陛下であって、主な務めを大別すれば、㋑憲法に「日本国の象徴」（いわば元首）として明示されている「国事行為」、㋺「国民統合の象徴」（いわば君主）としてふさわしい「公的行為」、㋩日本古来の伝統継承者（いわば祭主）としての「祭祀行為」である。

このうち、㋑㋺は広く知られているが、㋩は憲法の政教分離原則に配慮して㋑㋺のような公務とせず、天皇（皇室）の私的行為とみなされている。

しかし、その宮中祭祀は、天皇（皇室）のためよりも、国家の平安と国民の安寧を、自然神と祖先神に祈られる公的な営みである。

それは、年間を通して恒例・臨時の大祭・小祭が数多くある。それには、天皇および皇后と皇嗣が、平安以来の特別な装束を身に着けて、宮中三殿の殿上で丁重に神事を行われる。また他の皇族たちと関係者も階下から拝礼される。とくに十一月二十三日の新嘗祭は、白い装束の天皇陛下が、三殿西隣の神嘉殿にこもって、夕方から深夜まで合計四時間、新穀（米と粟）の御飯などを盛り合わせた神饌を丁重に供えられ、自らも召し上がられる（その際、皇嗣は隣の暗い部屋「西隔殿」に侍座されている）。

また、内廷の皇子女も宮家の皇族たちも、天皇の㋺公的行為に類することを分担して行われる。さらに皇室とゆかりのある公的な団体の総裁や名誉総裁を数多く引き受けておられる。それが秋篠宮家の場合、当主の文仁親王は、「皇嗣」として従来の皇太子と同様の公務（「全国育樹祭」への行啓など）があり、あわせて筆頭宮家の役割を同妃と成年内親王で協力しながら続けられている。他の常陸宮家・三笠宮家・高円宮家も、各々数十の役割を持っておられる。

このような公務を引き受けて「品位」を保ちながら励むことは、決して容易なことではないにちがいない。そういう大事な役割を担っておられる皇室の方々について、一般の国民は十分な情報と理解をもっているだろうか。

その全容について、より正しく実像を知れば、皇室の方々が世俗の私共では容易に為しえないことを、真摯に励行されていることに対して、心から感謝するほかなくなるであろう（もし遺憾なことがあれば、責任をもって慎み深く批判することも必要であろう）。

そして、このような聖域の方々によって示される品位を、いわば至高のお手本として、品性の向上に努めることも、皇室を戴く日本人には可能であり、大事なことだと思われる。

5　皇位継承「おおらかさ」必要　男系女子も可能に（インタビュー記事）

（『読売新聞』令和6年3月7日朝刊）

◆関係者の思い含め、現実的工夫

天皇陛下の次世代で皇位継承資格を持つ皇族は秋篠宮さまご夫妻の長男、悠仁さま（17）のみだ。象徴天皇制は存続の危機にあるが、政治はこの問題を先送りしてきた。皇室の歴史に詳しく、関係する政府のヒアリング全てに出席してきた所功・京都産業大名誉教授に、古代からの皇位継承に学ぶ知恵や教訓を聞いた。

（編集委員　小松夏樹）

――そもそも「天皇」とは何を意味するのでしょう。

飛鳥時代の608年、隋へ送った国書に「東の天皇」とあり、天皇号を公的に用いた最初の例とみられます。

重要なのは、漢字で「天皇」と書いても、あえて「スメラミコト」と訓読していたことです。神々を祭り人々の心を清らかにする「澄める尊者（スメルミコト）」と、人々を治めまとめる「統べる尊者（スベルミコト）」の両義を兼ね備えています。天皇は「神々を祭り、人々を治める格別な統治者」を表しています。

——天皇や国王には「世襲」のイメージがあります。

約1300年前に成立した「日本書紀」によれば、日本では、それより40代以上前から同一家系の世襲相続が続いています。

——その「世襲」には原則や特徴がありますか。

中国では、漢の時代以前から父系の男子を絶対視してきました。それが日本に伝わり、皇位の継承も男性天皇の男子孫を立てることが原則となりました。しかし、皇族の女性を否定したわけではなく、8人10代の女帝（女性天皇）が実在しています。

——男系の男子なら誰でも継承資格があるのですか。

男系の男子でも皇族の身分でなければ皇位を継ぐことができません。律令制では、天皇から5世までが皇親（親族）の範囲でした。しかし、明治以来の法制では、天皇の子孫は永世にわたり皇族となりました。

——皇位継承の在り方が法で明文化されたのはいつからでしょう。

1889年（明治22年）、明治憲法と同時に制定された旧皇室典範からです。その冒頭で皇位継承資格を皇統に属する「男系の男子」に限定し、それが戦後の現在にも引き継がれています。

明治の法制化への議論を見ると、近代の天皇には、元首として国政を総攬《そうらん》し、元帥として軍隊を率いる役割を担ってもらう必要があったことや、「家」は父系の男子が継ぐものという、古くからの慣習が根強かったことがわかります。

しかも、男系男子に限定することと、側室の非嫡出子も認めることが、いわばセットで公認されました。過去の天皇は半数近くが非嫡出子です。しかし、側室制度は戦後否定され、もはや復活はあり得ません。

――近年は皇族方の逝去が続きました。現在の皇室には17人おられますが、若い世代は少ない状況です。

皇室は、天皇のもとで皇族により構成される「大きな家」です。皇族は天皇を様々な面で支えるために、存在しています。いざという時には、皇位の継承をしない女性も「摂政」に就任するような役割を担うことになっています。

――現行の皇室典範には厳しい制約がありますね。

その一つは、皇室に生まれた皇族女子は、一般男性と結婚すれば皇室を離れなければならないことです。もう一つは、養子縁組をすることが認められていません。現行制度はあまりにも縛りが強く、硬直的です。皇室も生身の「人間」により支えられています。特定の方々に何重もの規制を強いれば、無理が生じます。

皇位継承の伝統も、明治の法典も、時代に応じて変化しています。原理主義的な独善に陥ることを避け、柔軟に運用してきた実例があります。

――過去から学ぶ打開策はあるでしょうか。

皇室の永続を望むなら、慣習的な原則は大事にするとしても、あらゆる可能性を現実的に受けいれる「おおらかさ」が必要です。男系男子はなるべく尊重すべきですが、状況によって男系女子も可能な在り方にしておくべきだと思います。

――自民党は昨年、「安定的な皇位継承の確保に関する懇談会」を設けました。皇族数の確保策として、皇族女子が結婚後も皇族の身分を保持する、皇族の養子縁組を可能とし、戦後に皇籍を離脱した旧宮家の男系男子を復帰させる、の2案を軸に検討するようです。

忘れてならないのは、大枠の制度だけでなく、関係者の思いも含めて、現実的に可能な工夫をすることです。当事者になる方々には、それぞれの人生があり考えもあります。それらを無視して制度を強要しても、うまくいくはずがありません。

皇族女子が結婚後も皇室に残るようにするのであれば、配偶者の男性もその子女も皇族の身分にすべきです。そうしなければ、同一の家族として一緒に公務を果たすことが難し

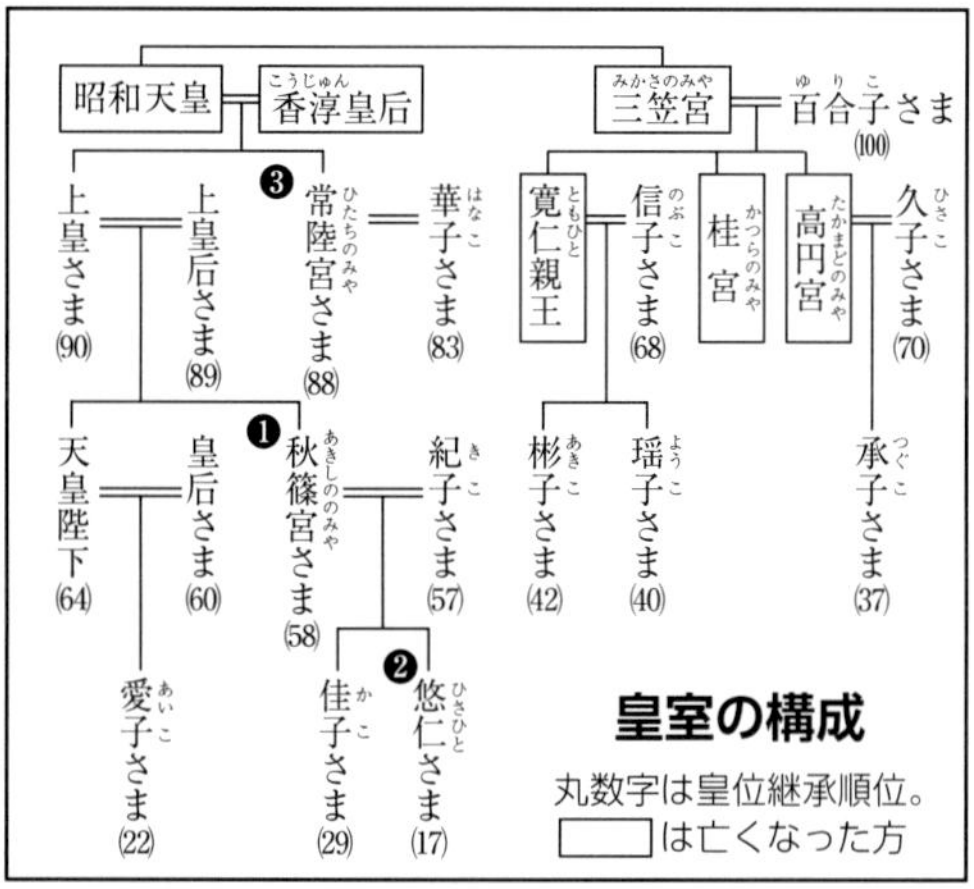

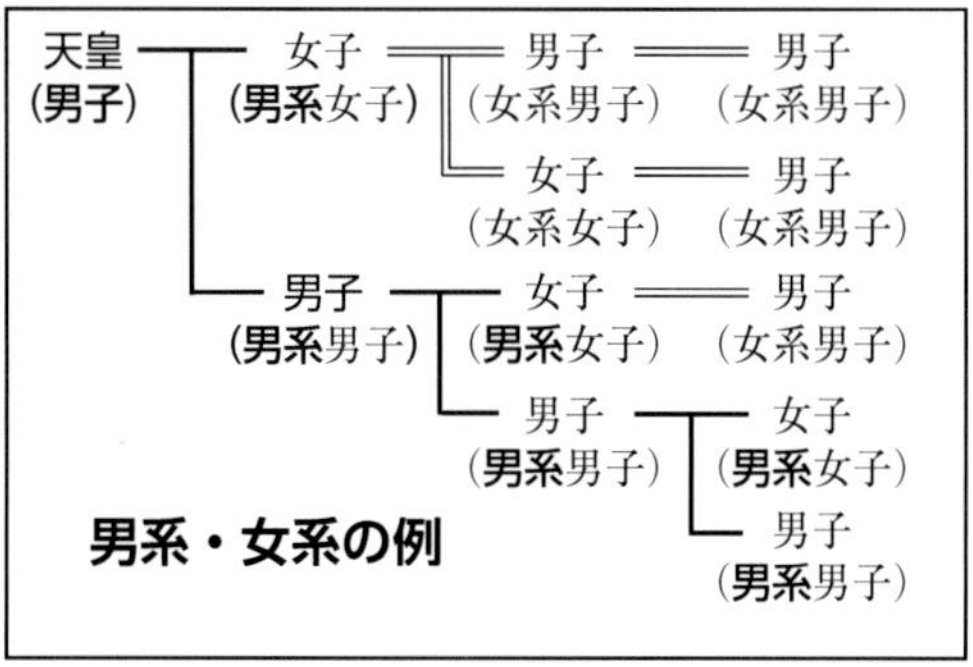

いと思われます。

　また、いわゆる旧宮家の方々は、皇籍を離脱して77年もたっています。その家で一般国民として生まれた子や孫世代の該当者は、もし「品位保持」を求められる皇族の身分となれば、それまでの自由も権利もほとんど失いますから、よほどの覚悟と努力を要します。

——すると制度変更は難しいでしょうか。

　あまり悲観していません。何より重要なことは皇室の永続、という原点に立って皆で思いを寄せることにより、少しずつ改善してゆくほかないと考えています。

——一般国民の関心は高いと言えますか。

　関心は高いと思います。ただ、インターネット上などで多種多様な言説が飛び交う現代では、落ち着いて、しっかりと考える必要があります。皇室にはどのような歴史があるのか、天皇と皇族方は何をしておられるのか、理解と共感を深めてほしい。

皇室の学問・芸術のみならず、衣食住や社会福祉も含む「文化」の実績に注目してほしいと思います。お召し物なども奥が深い。宮中祭祀《さいし》のお供え物も、自然からの賜り物に感謝する文化の一つです。皇居や御所のしつらえも、日本文化を体現しています。

皇室の方々は、福祉施設、被災地の訪問などを通じて、多くの国民と悲しみや痛みを分かち合い、助け合うことを実践されています。私どもがその姿やお言葉から学べることは、たくさんあると思います。

和気清麻呂銅像（佐藤清蔵作）は、皇居御濠端（大手町）にある。

6　悠仁さま、秋の園遊会「ご出席」ならば、愛子さまの悩ましい立ち位置（抄）

（「ＡＥＲＡドットコム」同年8月3日掲出）

（注）今秋（九月六日）満十八歳で「成人」となられる秋篠宮家の長男悠仁親王が「文化の日」前後の園遊会に参列される場合の問題について、永井貴子記者から電話取材を受けた。その全文はネットに公開されているが、私の発言部分を抄出する。

皇室制度や儀式に詳しい、京都産業大の所功・名誉教授は、こう話す。

「天皇陛下と皇族方が一斉に集まる園遊会に、皇位継承順位2位の悠仁さまが出席するとなれば、並び方からご身位による〝序列〟が視覚化される。何かあれば世間は、愛子さまと悠仁さまを比較しますから、宮内庁も気を遣うところでしょうね」

所さんは、さまざまな立場の人たちを（天皇が）招く園遊会は、皇室と国民がつながる大切な空間であり、国民の象徴として存在する皇室にふさわしい公的な行事であるとする。

今年の春の園遊会では、天皇陛下と皇后雅子さまの後に、皇位継承順位1位で皇嗣の秋篠宮さまと皇嗣妃の紀子さまが続き、天皇（内廷）の内親王である愛子さま、そして皇嗣家の内親王である佳子さまという順序となった。

「悠仁さまが参加される場合、愛子さまの立ち位置がどうなるのか。皇嗣の長男を先にするのか、それとも内廷の皇女を先にするのか、というところに世間が注目してしまうことになりかねません」、所さんは、そう指摘する。

所さんは、新年や天皇誕生日の一般参賀のように、ファミリー単位で並び、懇談に臨むことも検討されてもよいのでは、と考えている。

「ファミリー単位という名分が立てば、悠仁さまと愛子さまを比較したり、勝手に対立を煽ったりするような事態は回避されるかもしれません。大切なのは皇族方が、象徴天皇を支え、互いに助け合う姿を人びとに示す機会となることです」

ご家族ごとに並ぶメリットは大きい、と所さんは話す。これから公務経験を積んでいく愛子さまも悠仁さまも、今はご家族の近くであるべき姿勢を学び、将来的には支え合うことができる、ということだ。

「愛子さまと悠仁さまが同じ公務や行事の場にお出ましになるようになれば、それが仲睦まじい皇室の姿を示し、国民が安心と尊敬の想いを増す機会となるのではないでしょうか」

〈追　記〉 **皇族と国民の心がけ**

これから「皇族の確保」が法的に可能となることを心から願っている。しかし、それだけでよいというわけではない。憚りながら率直に申せば、皇族は皇室に在る限り（皇籍を離れても）「品位の保持」に努められなければならない〝公人〟である。そのために、幼少期から一般の知育だけでなく、特別な徳育の体得を必要とする。

たとえば、昭和天皇は大正三年（一九一四）から七年間（十三歳から二十歳まで）、特設の「東宮御学問所」で広汎な帝王教育を受けられた。その要《かなめ》の「倫理」を担当した杉浦重剛（日本中学校長）は、次の三ヶ条を基本方針としている（括弧内私注）。

①一、**三種の神器**に則り、皇道（日本の国柄）を体し給ふべきこと。

②一、**五条の御誓文**を以て、将来の標準（国政の基本）と為し給ふべきこと。

③一、**教育勅語**の御趣旨の貫徹（徳育の実践）を期し給ふべきこと。

このうち、②は日本の近代化を可能にした指針として、今も高く評価されるが、①と②は戦後の教育で無視・否定されてきた。しかしながら、その中味をみれば、①は北畠親房の『神皇正統記』などに、**鏡・玉・剣の神器は知・仁・勇を表わす**もので、帝王の具備すべき三徳と解される。また③にも帝徳の涵養に努め国民に範を示す決意が示されている。

それから約三十年後、終戦翌年の元日、昭和天皇（45歳）が公表された「新日本建設に関する詔書」の冒頭に「五箇条の御誓文」を全文引用して、「叡旨公明正大、又何をか加へん」と仰せられ、さらに「朕と爾等国民との紐帯（絆《きずな》）は、終始相互の信頼とによつて結ばれ、単なる神話と伝説とに依りて生ぜるものに非ず。（中略）朕の信頼する国民が、朕と共に心を一にして、自ら奮ひ、自ら励まし、以て此の大業（新日本の建設）を成就せんことを庶幾《こいねが》ふ」と結ばれている。

一方、「皇位は世襲」と定める「象徴」の天皇を現行憲法に定める日本国民は、多様な「権利と自由」を享受するにも、「公共の福祉」を考慮しながら、天皇の信頼・期待に応える立場にある。そのためにも、お手本となるのが天皇と皇族たちの在り方ではないか。

ちなみに私は、橋本景岳の『啓発録』に肖《あやか》り、左の三則を平生の心がけとしている。

一、自ら学んで**知恵を磨く**こと（勉学）
一、人に尽くす**仁徳を積む**こと（尽心）
一、世に伝える**勇気を出す**こと（振気）

もちろん、これは目標であって万分の一も実行できていないが、今後とも皇室の方々に感謝しながら、このような三則の実践を心がけたいと思う。　（令和六年八月十五日記）

推古女帝　96
スサノオノミコト　51
崇神天皇　49, 51, 64
た行
大正天皇（嘉仁親王）　126
鷹司繁子・祺子　14
鷹司和子（神宮祭主）　56
高橋　紘　118
高円宮家　26, 41, 42, 122
高松宮（宣仁親王）　68, 85
竹田恒正　68, 90
田中　卓　51, 65
秩父宮（雍仁親王）　68, 85
道鏡　77, 147
徳川家茂・慶喜　18, 34, 112
豊鍬入姫命　64
な行
永井貴子　159
梨本宮家　68
新田　均　49, 50, 64
ニニギノミコト　145
西村泰彦　159
仁孝天皇　14, 16, 39
額賀福志郎　66
渟名城入姫命　64
野木邦夫　5
野口武則　20
野口　剛　52
野田佳彦　71, 86
は行
橋本景岳　162
橋本経子　15
橋本秀雄　5
鳩山由紀夫　29
東久邇信彦　68, 90
東伏見家　68
常陸宮（正仁親王）　26, 42, 122, 133, 150, 152
藤原良房・明子・緒嗣・冬嗣　71
伏見宮　35, 59, 64, 125
伏見宮邦家親王　83, 90
伏見博明　68
藤本頼生　55
平成の天皇（上皇、明仁親王）　7, 25, 29, 31, 40, 44, 74, 79, 85, 87, 120, 122, 137, 146
平成の皇后（上皇后、美智子）　31, 44, 74, 79, 87, 122, 127
ベン・ヒルズ　29, 85
ま行
三笠宮（崇仁親王・寛仁親王）　26, 41, 42, 68, 75, 85, 103, 122, 127, 131, 133, 138, 150
三笠宮彬子女王・瑤子女王　41, 122
源寿子（桂宮妃）　16, 41
牟禮　仁　55
明治天皇（睦仁親王）　16, 43
百地　章　37, 39
文徳天皇　71
や・ら・わ行
八木秀次　60, 61, 63
柳原前光　89
山階宮家　68
山田奈緒　117
倭大国魂神　65
倭姫命（伊勢斎王）　51
吉田松陰　6, 46
吉原康和　129
吉村武彦　52
霊元天皇　16
和気王（舎人親王孫）　146
和気清麻呂　76, 149, 158
渡邉千秋・昭　29
渡邉　允　28〜32

付Ⅱ　人名索引

※A（1～20）とBおよび付の人名（神名も含む）五十音順（図表を除く）

あ行

愛子内親王（敬宮）　10, 64, 75, 79～81, 97, 103, 104, 112, 122, 132, 133, 142, 150, 159, 160

秋篠宮文仁親王（礼宮　皇嗣）　31, 33, 75, 79, 86, 98, 102, 122, 132, 138, 150, 153, 159

秋篠宮妃（紀子）　33, 79, 122, 160

秋篠宮悠仁親王　31, 33, 64, 74, 75, 81, 85, 98, 102, 122, 130, 132, 142, 153, 159, 160

秋篠宮佳子内親王　40, 79, 160

秋篠宮眞子内親王（小室眞子）122

朝香誠彦　68, 90

安倍晋三　44

天照大神（皇祖神）　43, 46, 51, 64, 145, 148

アメノオシホミミノミコト　51

活玉依姫　65

池田厚子（神宮祭主）　56

イザナギノミコト　51

市磯長尾市　65

井上　毅　47, 89

今谷　明　70

正親町（おおぎまち）雅子　15

奥平康弘　78

大田田根子　50, 65

大物主神　50, 65

か行

桂宮穏仁親王・尚仁親王・長仁親王・文仁親王・家仁親王・公仁親王・盛仁親王・節仁親王　16

桂宮淑子（すみこ）内親王（敏宮）　15～18, 39

和宮親子（ちかこ）内親王　15～20, 39, 112

賀陽邦寿・章憲・正憲　68, 90

河西秀哉　16

閑院宮愛仁親王　15, 68

甘露寺妍子　15

岸田文雄　4

北白川房子（神宮祭主）　55, 56

北白川道久　68, 90

北畠親房　161

今上天皇（浩宮・徳仁親王）　33, 40, 44, 45, 56, 75, 79, 80, 85, 86, 103, 122, 127, 132, 133, 138, 150

今上の皇后（雅子）79, 80, 122, 160

久邇邦昭・朝尊　56, 68, 90

久禮旦雄　5

黒田清子（もと紀宮　神宮祭主）　31, 51, 56, 79, 86,

黒田慶樹　31, 79

元明・元正女帝　131

光格天皇　16, 126

孝明天皇（統仁）　15～20, 43

孝謙（称徳）女帝　76, 146, 147

後西天皇　16

小泉純一郎　86

小松夏樹　159

さ行

嵯峨天皇　70, 71

習近平　29

昭和天皇（裕仁親王）　7, 43, 68, 74, 85, 125, 127, 161, 162

神武天皇　45, 49, 51, 96, 125, 145

菅　義偉　71, 87

杉浦重剛　161